자체발광의 기술

'힘을 내, 힘을 내. 사람들은 모두 행복한 얼굴을 좋아해.
행복한 표정을 지어 봐. 그러면 가장 어두운 곳도 빛날 거야.
반짝 반짝하게 말이야. 햇빛이 조금 들어오게 해 봐.
분명 밝은 곳을 바라보며 올바른 자리에 있게 될 거야.
그러니까 힘을 내, 조금만 더.'

_ E.B. 화이트, 〈샬롯의 거미줄(Charlotte's Web)〉

자체발광의 기술

앤디 코프 · 앤디 휘태커 지음 | 이민주 옮김

맛있는책

인생에서
가장 빛나는 순간을 맞이하라

우리가 눈부신 태양 아래를 걸어가며 차근차근 인생을 배우고 깨달음을 얻고 있을 때, 한 아이는 어둠 속을 헤매며 몸에 방울을 달고 짐승처럼 본능에만 의존해서 어디로 가야 할지 모르는 인생을 걷고 있다. 아이의 이름은 미셸. 보지도, 듣지도, 말하지도 못한다.

홀로 어둠 속에 살고 있다는 혼란에 빠진 미셸은 스스로 통제가 되지 않는다. 손으로 음식을 먹고 유령처럼 집안을 떠돌아다니고 답답함에 그저 날 뛰는 일밖에 하지 못한다. 부모도 아이를 포기하려던 그때, 한 사람이 어둠 속에 웅크리고 있는 아이에게 손을 내민다. 함께 빛을 향해 가자며….

손을 내민 사람은 특수학교의 사하이 선생이다. 선생은 그동안 미셸에겐 무의미했던 사물의 이름과 의미를 가르쳐주려 한다. 그러나 미셸은 그의 말을 거부하며 더욱 강하게 반항했다. 결국 미셸의 아버지는 사하이 선생을 해고했고, 그에겐 아버지가 출장으로 자리를 비운 20일이라는 시간밖에 주어지지 않았다. 사하이 선생은 빛이 닿지 않는 곳에 버려졌던 미셸이 밝은 세상을 향해 걸음마를 뗄 수 있도록 헌신했다. 그가 미셸에게 가르쳐주지 않은 유일한 단어는 '불가능'뿐이다.

약속한 20일이 되기 전날 밤 미셸의 엄마는 이제 모든 것이 끝났다며 미셸을 데려가려 한다. 그러자 사하이 선생은 아직 몇 시간이 남았다며 끊임없이 미셸에게 사물의 의미를 가르친다. "몇 시간 동안 무슨 일이 생기겠어요"라는 엄마의 말에 사하이 선생이 대답했다.

"부인, 깨달음은 번개처럼 와요. 초에 불을 켜듯이 말이죠. 일단 불이 붙은 초는 온 집안을 빛으로 채웁니다. 믿으세요, 기적은 언제든 일어날 수 있으니까요."

그러나 미셸의 아버지가 출장에서 돌아오는 순간까지 변화는 없었다. 두 사람이 헤어지기 직전 사하이 선생이 미셸을 집 앞 분수에 밀어 넣은 그때, 기적이 일어났다. 미셸이 직감적으로 '물'에 대해 이해한 것이다. 곧이어 자신의 옆에 서 있는 그 사람이 '선생님'이라는 것

또한 알게 됐다. 미셸이 어둡기만 했던 인생에서 한 줄기 빛을 발견하는 순간이었다. 그날 이후 미셸은 어둠 속에서 빠져나와 밝은 세상을 향해 걸음마를 했고, 어느새 스스로 빛을 내는 매력적인 여성으로 성장했다. 마침내 오랜 꿈이던 대학을 졸업하는 날 그녀는 강단에 올라서서 말한다.

"제겐 모든 게 검습니다. 하지만 선생님은 검은색의 새로운 의미를 알려주셨습니다. 그건 성취의 색이고, 지식의 색이고, 졸업가운의 색입니다."

영화 〈블랙〉의 이야기다. 어둠으로 둘러싸인 인생을 사는 건 미셸만이 아니다. 인생은 밤하늘과 같다. 어둡고 한치 앞도 보이지 않는 것이 바로 우리의 삶이다. 칠흑 같은 어둠에서 우리가 가장 먼저 해야 할 일은 자기 자신 안의 빛을 키우기 위해 어딘가에 숨어 있는 스위치를 찾는 것이다. 우리는 모두 긍정과 부정이라는 두 개의 스위치를 가지고 있다. 어둠 앞에서 어떤 스위치를 올리느냐에 따라 우리 인생을 비추는 빛의 밝기가 달라진다. 긍정 스위치를 올린 사람은 스스로 빛나는 별처럼 반짝이는 '자체발광의 삶'을 살 수 있다. 반면 부정 스위치를 올린 사람은 모든 빛을 집어삼키는 거대한 블랙홀로 빨려 들어가 아무런 기쁨이나 행복도 느끼지 못하는 인생을 살게 된다. 미셸은 장애라는 어둠 앞에서 사하이 선생의 도움으로 긍정의 스위치를 올렸고 꿈에 그리던 대학 졸업이라는 빛나는 순간을 맞이했다.

인생에서 가장 빛나는 순간은 성공했을 때가 아니라 비탄과 절망 속에서 이를 이겨내겠다고 결심한 때다. 삶이 힘들고 내 뜻대로 되지 않아 피하고 숨으려 한다면 고난은 더욱 집요하게 우리를 따라다닌다. 어둠을 피하는 것은 더 어두운 곳으로 숨는 것이 아니라 빛을 내 어둠과 싸우는 것이다. 빛은 밝은 곳이 아닌 어두운 곳에서 가장 큰 존재감을 드러낸다. '빛날 것인가, 빛을 잃을 것인가?' 선택은 언제나 자신에게 달려 있다.

이 책은 먼저 '누군가 내 앞길을 비춰주겠지' 하고 마냥 어둠 속에서 기다리는 사람에게 지금 당장 스위치를 찾아 나서라며 응원한다. 그리고 천천히 스위치의 위치를 안내한다. 마침내 모습을 드러낸 두 개의 스위치 앞에서는 무엇이 긍정의 스위치인지, 무엇이 부정의 스위치인지를 함께 알아간다. 그 다음에는 용기 내 긍정의 스위치를 올리는 법을 알려준다. 이런 식으로 긍정의 스위치를 올리는 것을 반복하다 보면 어느새 밝고 건강한 사고방식으로 스스로 빛을 내는 자신의 모습을 발견하게 된다. 남은 인생을 즐길 수 있는 완벽한 준비를 마친 것이다.

우리에게는 시간이 많이 걸리지 않고도, 현재의 순간을 있는 그대로 즐겁게 음미할 수 있는 능력이 있다. 삶을 긍정적으로 이끌어주는 에너지는 아주 가까이, 자기 자신 안에 있기 때문이다. 반딧불을 본 적 있는가? 반딧불은 바람이 불어도, 비가 내려도, 폭풍이 몰아쳐도 빛을 잃지 않는다. 빛이 자기 안에 있기 때문이다. 우리에겐 반딧불보다 더 밝고 영원히 꺼지지 않을 빛이 있다. 이제 함께 그 빛을 찾아 나서자.

CONTENTS

life
통제할 수 있다
통제할 수 없다
당신은 잘못된 곳에 초점을 맞추고 있었다.
부정적
긍정적
펑
펑
펑
제레미의 삶은 그를 화나게 만드는 일들로 가득 차 있다.

긍정성
부정성
당신의 꿈을
이뤄드립니다!
173
174
175
176
177
지는 투포환을 너무나 잘해서
마라톤도 하기로 결심했다.

에드 페핏(Ed Peppitt)에게 이 책을 바친다.
그의 비전과 열정이 없었다면 이 책은 세상의 빛을 볼 수 없었을 것이다.
에드. 정말 감사합니다.

Chapter 1

인생에는 반드시
행복을 낚아야 하는 순간이 온다

"잡아야 할 것이 물고기가 아니라는 사실도 모른 채
낚시를 하는 사람들이 많다."

헨리 데이비드 소로*Henry David Thoreau*

심리학자이자 에세이스트인 폴 퀸네트Paul Quinnett는 베테랑 낚시꾼이다. 그는 평소 자신이 죽고 나면 묘비명에 이렇게 써넣어 달라고 말한다. "나 때문에 슬퍼하지 마시오. 신나게 낚시했으니." 그에게 낚시는 단순한 취미나 스포츠가 아닌 삶의 행복을 낚는 즐거움이다.

나는 퀸네트의 책 《인생의 어느 순간에는 반드시 낚시를 해야 할 때가 온다》를 꽤 재미있게 읽은 그의 팬이다. 사실 살아오면서 낚시를 해본 경험은 한 손에 꼽을 정도이고, 물고기를 잘 잡는 방법도 모를 정도로 낚시에는 별다른 관심이 없다. 그런 내가 퀸네트를 좋아하는 이유는 그가 50여 년간 낚시를 하면서 건져 올린 삶의 철학과 지혜 때문이다.

반짝이는 수면에서 건져낸 그의 이야기를 읽다 보면 그가 낚는 것이 물고기가 아니라 스스로 만들어낸 행복이라는 것쯤은 금세 눈치챌 수 있다. 퀸네트는 낚시의 미덕을 가리켜 "경험을 얻는 것"이라고 말한다. 낚시는 물고기를 잡는 것이 아니라 경험하기 전에는 찾고 있는

줄도 몰랐던 행복과 풍요로움을 발견하는 일이다. 비록 무게도, 형체도, 색깔도 없는 것이지만 경험은 아무리 많아도 부족하다. 그래서 그는 큰 물고기를 놓칠수록 큰 것을 배운 것으로 여긴다.

낚시는 인생의 축소판이다. 물고기는 언제나 낚싯바늘로부터 도망가려고 한다. 낚시꾼은 이런 물고기를 잡기 위해 미끼를 던진다. 낚싯바늘에 걸릴 생각이 없던 물고기는 어느새 자신을 유혹하는 미끼를 덥석 물고 만다.

우리 인생 역시 마찬가지다. 행복은 결코 우리를 기다려주지도, 스스로 찾아오지도 않는다. 행복해지고 싶다면 미끼를 던져야 한다. 미끼가 거창한 것일 필요는 없다. 사소한 습관, 하루 중 단 1분이라도 나를 돌아보는 시간을 갖는 것, 약점이 아닌 강점에 집중하는 것 등 아주 작은 변화라도 시도해 볼 생각이 있다면 이미 당신은 훌륭한 미끼를 준비한 셈이다. 내가 누구이고 어떤 삶을 살 수 있느냐는 얼마나 열심히 미끼를 던져 행복을 낚느냐에 달렸다. 낚시의 의미가 짜릿한 입질을 느끼는 순간에 있다면, 인생의 의미는 나 스스로 던진 낚싯대에 행복이 걸려든 순간에 있다. 이처럼 인생에는 반드시 행복을 낚아야 할 때가 찾아온다. 이때가 바로 인생의 가장 빛나는 자체발광의 순간이다.

그런데 우리들 대부분은 내가 원하는 것을 찾아 나설 생각은 하지 않고 언젠가는 나타날 것이라 믿는 게 전부다. 마치 낚싯바늘에 미끼도 끼우지 않고 물고기가 잡히길 기다리는 것처럼 말이다. 누군가는 아예 낚싯대를 던져보지도 않고 그저 물가를 서성대며 물고기가 잡히길 바라기도 한다. 대체 어떤 눈먼 물고기가 그들 앞에 나타나겠는가!

사실 우리는 행복을 쟁취하고 스스로 빛나는 답을 알고 있다. 다만 두려움, 나태, 부정적인 생각들로 인해 답을 맞힐 생각이 없거나 잊고 사는 것뿐이다. 그 결과 아주 가끔 우연히 얻어걸린 행운을 마치 무언가를 이뤄낸 것과 같은 성취로 착각하고 만다. 더 큰 결과와 눈부신 성공을 할 수 있음에도 별다른 노력 없이 찾아오는 아주 작은, 아주 드문 행복에만 만족하려고 한다. 마치 어쩌다 물가로 떠밀

려온 피라미 한 마리를 가지고 세상의 모든 물고기를 낚은 듯한 기쁨과 자만심에 젖어 있는 것이다. 이마저도 여의치 않을 때는 '휴가를 가면 행복해질지 몰라. 새로운 셔츠를 사면, 자동차를 사면, 맥주를 좀 마시면 행복해질 거야'라고 스스로를 위로한다. 이런 사람들은 자신의 인생을 운과 주변의 도움과 같은 후광효과Halo Effect에 의지하려 한다. 옆자리에서 훌륭한 낚싯대와 미끼를 이용해 월척을 낚는 사람에게 몰린 물고기 중에서 정말로 눈멀고 멍청한 물고기 한 마리쯤은 얻어걸릴지도 모른다는 기대만 품고 있다.

오랜 시간 인간의 심리와 의식에 대해 연구한 리처드 윌킨스Richard Wilkins는 이처럼 "대부분의 사람들이 잘못된 곳을 바라보고 있다"고 말한다. 그는 인간이 행복과 만족, 긍정적인 기분을 느끼고 싶을 때면 머릿속에 있는 여러 개의 캐비닛 중에서 '밖'이라고 표시된 것을 열어 뒤적인다고 표현했다. 즉 행복의 답이 바깥 어딘가에 있다고 믿는 것이다. 하지만 행복으로 가는 답은 내 안에 있다.

빌리 밀스Billy Mills의 책《보키니》에는 다음과 같은 구절이 있다.

"행복은 지극히 내면적인 것이기 때문에 외부의 어떤 것도 우리를 행복하게 만들어주지 못한다. 행복은 마음의 상태, 즉 일이 잘 되어가든 그렇지 않든 스스로 완벽하게 조절할 수 있는 마음의 상태다."

'보키니'는 북미 인디언인 라코타 족의 언어로 '새로운 삶, 행복하고 평화로운 삶'이란 뜻이다. 저자의 경험에 바탕을 둔 이 책은 데이비드라는 인디언 소년이 행복을 찾아가는 여정을 보여준다. 여기에는 라코타 어로 '거미'란 뜻을 가진 이크츄미가 등장하는데. 이크츄미는 행복에 관한 8가지 거짓말을 한다.

하나, 부자가 되면 행복을 얻으리.

둘, 유명해지면 행복을 얻으리.

셋, 딱 맞는 결혼 상대를 만나면 행복을 얻으리.

넷, 친구들이 많으면 행복을 얻으리.

다섯, 매력적인 외모를 갖게 되면 행복을 얻으리.

여섯, 신체적 장애만 없다면 행복을 얻으리.

일곱, 가까운 누군가가 죽지만 않는다면 행복을 얻으리.

여덟, 세상이 살기 좋은 곳으로 변하면 행복을 얻으리.

이크츄미의 말대로 이 8가지만 갖게 되면 행복해질 수 있을까? 이크츄미의 8가지 조건은 평소 우리가 너무도 당연하게 여겨온 것들이다. 하지만 이처럼 외부적인 힘에서만 행복을 찾으려 한다면 우리 삶은 망가질 수도 있다. 데이비드는 아버지가 준 그림 속 암호를 풀어 행복해지는 10가지 진리를 깨닫는다.

하나, 나는 세상에서 가장 특별한 존재다.

둘, 삶이 내게 준 선물에 감사하는 마음을 갖는다.

셋, 긍정적이고 밝은 눈으로 미래를 내다본다.

넷, 언제나 새롭고 흥미로운 목표를 세운다.

다섯, 날마다 생의 마지막 날인 것처럼 살아간다.

여섯, 삶에 순응한다.

일곱, 나를 사랑하며 함께 어우러져 사는 법을 배운다.

여덟, 결코 완벽주의자가 되어서는 안 된다.

아홉, 웃으며 산다.

열, 다른 사람의 입장에서 생각하는 법을 배운다.

우리는 이미 많은 것을 알고 있고, 우리를 둘러싼 많은 것들이 행복의 조건이라고 믿어왔다. 하지만 가장 큰 행복은 늘 우리 마음속에 담겨 있었다. 진리는 아름다우면서도 간단하다. 자신의 행복은 오로지 자신에게 달려 있다는 것뿐이다. 우리에겐 우리만의 삶이 있다. 내가 원하는 방향대로 꾸려나갈 수 있는 나만의 삶. 그것은 나만의 꿈을 실현할 수도 있고 진정으로 원한다면 얼마든지 행복도 얻을 수 있는 삶이다.

우리가 자신에게 줄 수 있는 가장 큰 선물은 스스로에 대해 더욱 잘 아는 것이다. 그리고 자신에게 절대로 관대하지 않는 것이다. 또한 나를 더욱 사랑하고 보다 당당해지는 것이다. 그것은 오로지 자신의 가치를 높이는 일이며 마침내는 최고의 인간이 되는 일이다. 자신을 이 우주에서 가장 빛나는 보석으로 만들어야 한다. 이는 행복은 밖에서 찾는 것도, 돈으로 사는 것도 아닌 내 안에 있는 씨앗을 틔워낼 때 만들어진다는 것을 깨닫는 것이기도 한다. 지금껏 우리가 경험해보지 못한 눈부신 성공에 대한 답은 모두 내 안에 있다. 부디 이 답을 모른 척하지 않기를 바란다.

예전에 나는 MBA 과정을 밟는 경영자들을 가르친 적이 있었다. 그때는 정말 열심히 일했다. 수업시간마다 소매를 걷어붙이고 수많은 이론을 가르치며 그것이 얼마나 중요한지 침이 마르도록 강조했다. 수업이 없을 때는 또 다른 이론에 매달려 지냈다. 하지만 시간이 지나서야 깨달았다. 이론은 이론일 뿐이라는 사실을. 이론과 실제 경영은 달랐다. 그리고 삶 역시 이론과 달랐다. 인생은 현실이다.

게다가 끈질기기까지 하다. 끊임없이 우리를 향해 달려든다. 솔직

히 말해서 대부분의 사람들에게 인생은 버거운 것이다. 소름 끼치도록 어마어마한 변화가 우리를 짓누르는 속에서 복잡한 이론이나 조건 따위는 아무짝에도 소용없다.

'성공'이란 누군가처럼 되기 위해 노력하는 것이 아니다. 성공은 자신이 가장 빛날 수 있는 방법을 찾아 그것을 따름으로서 이루는 것이다! 인생은 너무나도 짧다. 그게 현실이다. 무엇하러 자기 자신보다 훨씬 못한 모습에 안주하려 하는가?

한 곤충학자가 어느 날 애벌레가 나비가 되려고 허물을 벗는 모습을 보게 되었다. 애벌레는 허물에 난 아주 작은 구멍을 비집고 나오려 필사적으로 노력했다. 그런데 너무 힘들었는지 어느 순간부터 움직임 없이 잠잠해졌다. 죽은 것은 아닐까 하는 걱정에 살짝 건드리자 애벌레는 다시 탈출을 시도했다. 하지만 도무지 나올 것처럼 보이지 않았다. 걱정이 된 그는 이러다가 애벌레가 영영 허물을 벗지 못하고 죽어버릴지도 모른다는 생각을 했다. 물끄러미 애벌레를 지켜보다가 결심이라도 한 듯 가위를 가져와 조심스럽게 허물의 구멍을 넓혀주었다. 그러자 애벌레는 쉽게 고치 밖으로 나와 나비가 되었다. 그런데 그 나비는 다른 나비들에 비해 날개가 유난히 작았다. 자세히 살펴보니 날개 일부분이 구겨지고 채 완성되지 않기까지 했다. 결국 나비는 제대로 날아보지도 못하고 얼마 지나지 않아 죽고 말았다.

자신의 힘으로 허물을 벗지 못한 나비는 스스로 날갯짓을 하는 방법도 배우지 못하는 법이다. 중요한 것은 자기다운 것을 기를 수 있는 노력과 끈기다. 이제 막 스스로 빛나는 법을 찾기 시작한 우리에겐 무엇보다 고난과 역경을 이겨내고 그것을 행복으로 연결하려는 열정이 필요하다.

슈바이처는 "인생에서 가장 중요한 것은 우리의 내부에서 빛이 꺼지지 않도록 노력하는 것이다"고 말했다. 내 안에 빛이 있다면 저절로 밖은 빛날 것이다. 인생에서 가장 중요한 것은 삶이 우리를 위해 준비해놓은 것을 그냥 지나치지 않는 것이다. 내가 가진 가능성, 탁월함, 강인함에 관심을 갖자. 불행은 종종 사소한 일을 무시했을 때 찾아오는 것이며, 행복은 종종 사소한 일에 관심을 기울일 때 찾아온다.

Chapter 2

지금이 당신의 인생에서
가장 빛나는 순간이다

"최후에 살아남는 사람은 웃는 사람이다."

메리 페타본 풀*Mary Pettiobone Poole*

이 장에서는 긍정심리학에 관한 비밀을 풀어보려 한다. 행복과 불행의 이유는 무엇인지, 그리고 우리를 빛나게 만드는 것 또는 우울하게 만드는 것은 무엇인지 살펴볼 것이다. 또한 자신의 삶에 만족하고 행복을 느끼는 상위 2%의 사람들에 대해서도 알아볼 생각이다.

최근 자신의 삶이 만족스럽지 못하다고 생각하는 사람들이 증가하고 있다는 기사가 종종 눈에 띈다. 심리치료나 정신과 상담을 받는 사람들이 급격히 많아졌고 자살률 또한 지속적으로 증가하는 것을 증거로 삼곤 한다. 이처럼 인생이 잘못된 방향으로 가고 있다고 느끼는 사람들이 많은 이유는 우리 자신과 이 세상이 모두 '문제'에만 집중하기 때문이다.

심리학은 항상 사람들을 바로 잡는 데 집중했다. 문제점을 연구하는 것이 우선인 학문이기 때문이다. 누군가 정신과 의사를 찾아간다면 의사는 그에게 소파에 누우라고 할 것이다. 그러고는 펜과 수첩을 들고 한쪽 끝에 앉아 이렇게 묻는다. "무슨 문제로 오셨나요?"

환자는 온갖 문제를 털어놓을 것이다. 의사는 다시 묻는다. "다른 도움이 더 필요하진 않나요?" 환자는 더 많은 문제를 털어놓는 식으로 상담이 진행된다. 사람들은 수년 동안 치료를 받느라 소파에 누워 알지도 못하는 사람에게 문제를 털어놓으면서 돈과 시간을 허비해 왔다. 이 세상 어디에도 문제 없는 사람은 없다. 하지만 늘 문제에만 초점을 맞추면 문제는 또 다른 문제를 낳고 어느새 문제에 둘러싸인 삶을 살게 된다.

나는 어느 날 '건강과 웰빙'이라는 컨퍼런스에서 강연 요청을 받았다. 컨퍼런스 주제가 내가 강연할 내용인 '자체발광의 기술'과 잘 어울린다고 생각해 흔쾌히 수락했다. 나는 3일 차의 마지막 강연자였다. 컨퍼런스가 열리기 며칠 전 전체 일정표를 받아본 나는 무언가 잘못되었다는 사실을 깨달았다. 컨퍼런스는 건강과 웰빙이라는 주제와는 전혀 상관없는 강연으로 가득했다. 첫날 강연은 온통 자살에 관한 것이었다. 다음날은 우울증이었고 그다음에는 청소년 범죄와 수면장애 등 어둡고 음울한 주제뿐이었다. 내가 발표할 '자체발광의 기술'은 '기하급수적으로 늘어나는 거식증'에 관한 발표 다음이었다.

건강과 웰빙을 찾겠다는 컨퍼런스에서 모두가 정신질환과 사회적 문제에만 집중하고 있었다. 과연 이 컨퍼런스에 참가한 사람들은 그토록 원하던 건강과 웰빙의 방법을 손에 넣었을까? 마찬가지로 심리학은 이제껏 아픈 사람, 어딘가 잘못된 사람들을 연구해 왔다. 즉 수백 년 동안 사람들이 가진 문제에만 관심을 둔 것이다. 이는 자신의 삶을 부정적인 시선으로만 바라보는 것과 같다. 만일 지금 행복하지 않다면 내가 가진 좋은 것에 감사하기보다 문제점이 무엇인지 고민하고 있지는 않은지 생각해 보자. 분명 그때부터 상황은 더욱 안 좋아졌을 것이다. 이때 필요한 것은 내 문제가 무엇인지를 찾는 것이 아니라 좋은 점이 무엇인지를 알아내려는 열정이다. 남들보다 더 많은 행복을 느끼는 사람은 나만이 가진 좋은 점을 더욱 크게 키우는 데 집중한다.

과거의 심리학이 마음의 병이 있는 사람을 어떻게 하면 정상인처럼 살게 할 수 있을까에 초점을 맞춰왔다면, 지금의 심리학은 어떻게 하면 더 많은 사람들이 행복하고 풍요로운 삶을 살 수 있을까에 관심을 두고 있다. 즉 심리학의 적용 대상이 문제가 있거나 아픈 환자에서 모든 사람들로 확대된 것이다.

긍정심리학의 창시자 마틴 셀리그만Martin Seligman 박사는 "과거의 심리학에서 칭찬할 부분은 인간의 심리에 대해 아무 것도 알지 못하던 무지의 세계에 심리학의 토대를 만든 것과, 이전까지는 불치병으로 여겨졌던 정신질환에 대해 과학적으로 접근한 것이다. 덕분에 약물치료와 상담치료가 생겨났다"고 말했다. 하지만 동시에 "심리학은 비참한 사람들을 덜 비참하게 만드는 데 지나지 않았다. 덜 비참하다는 것은 행복하다는 뜻이 아니다. 심리적 치료를 받은 사람들은 여전히 불행하다고 느꼈다. 이는 기존의 심리학으로는 사람들을 행복하게 만들 수 없음을 의미한다"고 말했다.

그때까지 심리학이 해결하지 못한 문제점은 크게 세 가지였다.

첫째, 심리학자를 피해자를 연구하는 병리학자로 여겼다. 때문에 사람들은 자신이 정신이상자 취급을 받을지도 모른다는 두려움에 심리학자와 대면하는 것을 꺼렸다.

둘째, 심리학은 문제의 원인을 외부에서만 찾으려고 했다. 그로 인해 삶의 질을 향상할 수 있는 인간 자신의 능력을 망각해 왔다. 스스로를 불행하다고 느끼는 사람들 역시 자신의 선택과 책임, 그리고 훈련을 통해 행복해질 수 있다는 희망을 품지 않았다.

'스트레스 받다(Stressed)'라는 단어를 거꾸로 나열하면 달콤한 '디저트(Desserts)'가 된다. 나에게 스트레스를 주는 요인을 어떻게 해석하고 대처하느냐에 따라 스트레스는 삶의 디저트로 바뀔 수도 있다.

셋째, 치료와 동시에 빠른 결과를 기대하는 데만 급급했다. 셀리그만 박사가 긍정심리학을 유행시킨 장본인이긴 하지만 '긍정'과 '행복'을 발명한 사람은 아니다. 긍정과 행복은 이미 수천 년 전부터 사람들이 알고 있던 것이다. 플라톤과 공자의 깨달음을 확인해 보라. 부처와 같은 현자의 이야기에도 녹아 있다. 20세기에 들어서는 미국의 대표적 상담심리학자인 칼 로저스Carl Rogers나 사회학습이론의 창시자인 앨버트 반두라Albert Bandura, 다중지능이론의 하워드 가드너Howard Gardiner와 매슬로우Abraham Maslow 등이 긍정과 행복의 중요성을 강조했다. 이들의 연구에는 모두 자아실현, 행복, 긍정이라는 요소가 존재한다.

따라서 우리는 이제껏 자신의 약점에만 신경 쓰던 과거의 나를 버리고 새로이 강점에 집중할 필요가 있다. 진심으로 마음의 상처를 치유하고 싶다면 내가 갖춘 능력을 인정하고 그것을 발전시킬 수 있도록 노력해야 한다. 부족한 부분을 채우기에 두드러지는 부분을 키우는 것보다 좋은 방법은 없다. 불행의 원인을 없애려고 하는 것보다 행복을 가져다주는 원인을 찾아 나서는 것이 더욱 중요하다는 것이다.

사람들의 행복지수가 기본적으로 −10(매우 나쁜 상태)에서 +10(매우 좋은 상태)까지라고 한다면 심리학은 항상 −7에서 0(나쁘지는 않은 상태)에 해당하는 사람들에게만 초점을 맞춰왔다. 그게 전부인 듯 말이다. 허나 그게 전부는 아니다. '그럭저럭 살아 있는 것'과 '살아가는 것'

사이에는 커다란 차이가 있다. 긍정심리학의 목표는 +8이나 +9에 이르는 것이다.

유럽을 제패한 황제 나폴레옹은 훗날 "내 생애 행복한 날은 6일밖에 없었다"고 고백했다. 반면 눈이 보이지 않고 귀도 들리지 않던 헬렌 켈러는 "내 생애 행복하지 않은 날은 단 하루도 없었다"고 말했다. 이처럼 삶은 주어진 환경이 아니라 내 생각과 마음가짐에 따라 행복과 불행으로 나뉜다. 스스로 빛나는 삶과 스스로 어두워지는 삶, 당신은 어떤 삶을 선택할 것인가?

2012년 런던 올림픽 성화봉송의 캐치프레이즈는 '당신이 빛날 순간'이었다. 성화를 봉송할 지역주민 500명을 선발한다는 소식이 알려지자 수천 명이 지원했다. 올림픽 조직위원회는 그들 중 고군분투하며 자신의 가능성을 가장 크게 빛낸 사람들을 성화봉송 주자로 선택했다.

마라톤을 좋아하는 폴 캐번은 1999년 골수암을 선고받은 뒤 줄기세포 이식으로 새로운 삶을 얻었다. 그는 투병 중에도 마라톤을 계속할 정도로 달리는 것을 좋아했다. 캐번은 자신의 고향에서 함께 마라톤을 해온 동료들의 응원 속에서 성화를 봉송했다. 아쉽게도 뛰지는 못했다. 올림픽이 열리기 전 갑자기 몸 상태가 나빠졌기 때문이다. 하지만 그는 몸이 아프다는 것보다 성화를 들고 자신이 좋아하는 마라톤을 할 수 있다는 사실에 기뻐했다. 오른손에는 성화를,

왼손에는 목발을 짚고 천천히 걷기 시작했다. 무사히 다음 주자에게 성화를 넘긴 캐번은 "늙고 병든 상태로 인생을 낭비할 수는 없다며 계속 달릴 것"이라고 다짐했다.

아프가니스탄 참전 중 탈레반에게 폭탄 공격을 받아 세 명의 동료를 잃고 3개월 동안 혼수상태에 빠졌던 마틴 콤슨도 성화봉송 주자로 참가했다. 그는 가까스로 목숨을 건졌지만 전신화상으로 온몸이 망가졌다. 거울 속 자신의 모습을 용납할 수 없어 수차례 거울을 깨부수기도 했다. 삶을 포기할 마음마저 생겼다. 그때 약혼녀 미셸이 콤슨을 잡아주었다. 얼굴과 몸이 망가졌다는 생각은 버리고 사랑하는 사람과 함께 살아갈 날들이 아직 남아 있다는 희망만 바라보자고 했다. 그때부터 콤슨은 자신의 인생에서 좋은 점만 찾기 시작했고 새 삶이 시작됐다. 그는 지금은 부인이 된 미셸과 태어난 지 얼마 되지 않은 아들이 지켜보는 가운데 인생 최고의 순간을 맞이했다. 완주 후에는 부인과 아들을 껴안으며 "살아 있어서 다행이다"고 말했다.

이 외에도 여자 장대높이뛰기 선수로 올림픽 금메달리스트를 꿈꿔오다 심장에 이상이 생겨 이식수술을 받은 사람, 아프가니스탄에서 낙하산 사고로 두 다리를 잃고 뇌를 다친 참전병사도 성화봉송 주자로 뛰었다.

우리는 힘든 순간, 무너져버린 순간, 최악의 상황에서 자신을 돌아본다. 하지만 그때는 이미 늦었다. 그보다는 평소에 자신을 돌아보고 나만의 빛나는 능력을 찾아야 한다. 아무리 사소한 것일지라도 좋은 점에서 위안을 얻고 계속해서 키워나가면 언젠가는 자신을 지켜주고 인생을 빛나게 하는 강력한 무기가 된다. 내가 잘하는 것, 나에게 의미 있는 것, 나를 좋아하게 만들어주는 것이야말로 우리를 경쟁력 있는 스페셜리스트로 키워준다.

나의 좋은 점을 보았다면 그다음에는 그것으로 꿈을 이룰 방법을 찾아야 한다. 여기서 그럭저럭 사는 삶과 잘 사는 삶으로 갈린다.

내 친구 마틴은 고등학교에 들어가자마자, 연극을 배우겠다고 선언했다. 그는 곰곰이 생각해 보니 자신이 어렸을 때부터 배우가 되길 바랐던 것 같다고 말했다. 하지만 그의 부모님은 그가 배우가 되길 바라지 않았다. 단 한 번도 아들이 배우가 되겠다고 말한 적이 없었고 공부도 곧잘 했기 때문이다. 게다가 마틴은 아버지가 없었다. 그의 어머니는 마틴이 훌륭한 법조인이 되어 자신의 못다 한 꿈을 이뤄줬으면 했다.

그런데 마틴은 정말로 연극을 시작했다. 강습비가 저렴한 교습소를 찾아가 수업을 들었다. 수업료를 내기 위해 시간이 날 때마다 식당에서 서빙을 했다. 손님들이 시비를 걸어도 묵묵히 참고 일을 했다. 마틴은 결국 졸업하기 전 작은 연극무대에 섰다. 비록 단역이었지만 자신의 사진과 이름이 들어간 팸플릿과 포스터를 누구보다 소중하게 다뤘다. 그날 이후 마틴은 꾸준히 자신을 갈고 닦으며 무대에 섰다. 내 기억 속의 마틴은 누구보다 뜨거웠고, 그런 그의 모습을 상상하다 보면 내 마음도 충만해졌다.

나는 대학에 진학하면서 마틴과 작별했고 이후 그를 만나지 못했다. 그 뒤의 삶이 어떠했든 나는 마틴이 누구보다 행복했을 거라고 믿는다. 자기 자신을 위해 열정을 다하는, 반짝반짝 빛나는 순간을 만들어내는 일은 누구에게나 주어지는 것이 아니기 때문이다. 그는 분명 '그럭저럭 살아지는 삶'이 아니라 '제대로 살아가는 삶'을 살고 있을 것이다.

내가 강연에서 이런 이야기를 하면 누군가는 반드시 이런 질문을 던진다.

"아무리 노력해도 결국 돈이 있어야 더욱 빛날 수 있는 건 아닐까요?"

과연 물질은 우리를 빛나게 해줄 수 있을까? 행복과 돈 사이에는 어떤 관계가 있을까? 극빈의 가난함 속에 사는 사람의 경우 돈이 많아질수록 더 행복하게 느끼는 것은 사실이다. 그러나 먹을 것과 잘 곳, 고정적인 생활비가 있는 사람이라면 돈이 더 많아진다고 해서 반드시 더 행복하다고 느끼는 것은 아니다. 예를 들어 신발 한 켤레를 사는 것보다 바닷가로 여행을 가는 것이 더 행복하다고 느낄 수 있다.

그렇다면 로또에 당첨되면 더 행복해질까? 그럴 리 없다고 생각하겠지만 대답은 '아니다'이다. 《행복에 걸려 비틀거리다》의 저자 댄 길버트는 '무엇이 우리를 행복하게 만드는가?'라는 강연에서 다음과 같은 퀴즈를 낸다.

"내가 말하는 두 가지 미래를 상상해 보고 어느 쪽이 더 좋은지 말해 주세요. 1번은 4,000억 원짜리 복권에 당첨되는 것이고, 2번은 하반신 마비가 되는 것입니다. 골라보세요."

누구라도 당연히 1번의 복권 당첨을 선택할 것이다. 길버트 역시 고르고 말 것도 없지 않느냐고 반문했다. 그는 청중들에게 실제 설문결과라며 복권 당첨자를 선택한 사람들의 압승을 보여주는 그래프를 공개한다. 그래프는 1년 뒤의 행복을 추측해 본 것이다. 로또에 당첨된 사람은 약 60만큼 행복하고 하반신이 마비된 사람은 약 20만큼 행복해할 것임을 나타냈다. 하지만 길버트는 이내 사실 그 그래프는 가짜이며, 진짜 결과를 보여주는 그래프를 공개했다. 신기하게도 1년 뒤의 행복도는 양쪽이 비슷했다. 좀 더 자세히 살펴보면 오히려 하반신이 마비된 사람들의 행복도가 아주 조금이지만 더 높아 보이기까지 한다. 결국 복권에 당첨되든 하반신이 마비되든 1년 뒤에는 똑같이 행복해하고 있다.

퀴즈를 틀렸다고 해서 아쉬워할 필요는 없다. 대부분의 사람들이 틀리기 때문이다. 경제학자와 심리학자의 연구에 따르면 사람들은 기쁨과 고통에 대해 상상할 때 실제로 그것이 닥쳤을 때보다 더 크게 생각하는 경향이 있다. 즉 복권에 당첨되는 행운이나 사고로 크게 다치는 불행이 실제로 벌어져도 그 행복이나 괴로움의 정도가 사람들이 예상하는 만큼 크지 않다는 것이다. 또한 사건 발생 후 3개월이 지나면 우리의 행복에 별다른 영향을 주지 못한다고 한다. 이것을 가리켜 '습관화habituation'라고 부른다. 이는 곧 새로운 상황에 적응하게 되어 더는 행복감을 느끼지 못하는 것을 뜻한다. 연봉 인상도 마찬가지다. 처음에는 연봉이 올랐다는 사실에 기뻐하지만, 곧 인상된 연봉을 당연하게 여기게 되면서 효과가 사라진다(물론 인상된 연봉을 모두 털어 바닷가로 여행을 간다면 달라지겠지만 말이다!).

우리는 경제적인 성공에 너무나 집착한 나머지 '행복'과 '성공'을 나타내는 지표가 순전히 돈에 의해 결정된다고 생각한다. 하지만 행복은 외부로부터 오는 것이 아니다. 17세기 영국의 의사이자 저술가인 토머스 브라운Thomas Browne은 "나는 가장 행복한 사람이다. 가난을 부유함으로, 역경을 성공으로 바꿀 수 있다. 또한 운명적 결함이 없는 나는 아킬레스보다 강하다"고 말했다. 이는 누구나 손에 쥐고 있으면서도 깨닫지 못하는 '행복의 연금술'을 깨달았기에 가능한 것이다.

우리는 흔히 행복의 우선순위를 돈이라 생각한다. 정말 부자들은 행복할까? 부富와 행복은 어떤 관계가 있을까?

최근 OECD를 비롯해 다양한 국가 및 기관에서 행복지수를 발표

하고 있다. 재미있는 것은 미국의 행복지수가 15위, 일본 42위, 중국 48위 등 경제대국의 행복지수가 매우 낮다는 사실이다. 반면 히말라야 산기슭에 자리한 인구 70만 명의 작은 나라인 부탄은 국민 대부분이 행복하다고 느끼는 행복지수 1위 국가다. 부탄의 GDP(국내총생산)는 2,000달러에도 못 미칠 정도로 터무니없이 낮지만 '주관적인 행복'의 관점에서는 어떤 선진국도 따라갈 수 없다.

지그메 싱예 왕추크Jigme Singye Wangchuck 부탄 국왕은 1974년부터 국민의 행복지수인 GNHgross national happiness를 나라의 통치기준으로 삼고 있다. 이는 건강, 시간 활용방법, 생활 수준, 공동체, 심리적 행복, 문화, 교육, 환경, 올바른 정치 등 9개 분야 지표를 토대로 GNH를 산출해 정책에 반영한다는 것이다. 그 결과 국민의 97%가 행복하다고 말하는 가장 행복한 국가로 뽑히면서 선진국들의 본보기가 되고 있다. '국내총생산'이 아닌 '국민총행복'을 추구함으로써 경제적으로 불리한 조건을 뛰어넘어 행복을 찾았다.

부탄의 한 고위 관료는 "지금 가진 것으로 얼마나 만족할 수 있느냐가 행복의 열쇠"라고 말했다. 이 말에서 우리는 행복의 척도를 찾을 수 있다. 행복이란 내 소유물의 크기와 비례하지 않는다. 무엇이든 돈으로 환산해 평가하는 우리와 달리 내게 주어진 환경에서 기쁨과 즐거움을 누리려는 사람들이 행복을 손에 넣을 수 있다. GDP가 곧 행복이라는 틀을 깬 '행복지수'와 부탄의 사례를 보면 행복은 꼭

물질적 풍요에만 있는 것이 아니라 개인의 정신적인 풍요로움에 있다고 볼 수 있다. 중앙아메리카에 위치한 코스타리카 역시 행복지수가 높은 국가다. 1인당 GNP는 5,905달러에 불과하지만 국민의 85%가 자신의 삶에 만족한다고 한다.

부탄 못지않게 행복지수가 높은 나라인 덴마크는 북유럽의 경제 부국이다. 덴마크는 부의 편중을 제도적으로 허용하지 않는다. 소수가 다수의 부를 독식하는 불균형을 바로잡는 것이 당연하며, 부의 세습은 머나먼 나라의 이야기라 생각한다.

이처럼 경제적으로 풍요롭다고 해서 행복이 보장되는 것은 아니다. 그보다는 개인의 가치관에 따라 행복을 누리는 사람과 스스로 차버리는 사람이 결정된다고 할 수 있다. 조사에 따르면 긍정적이고 감사하는 마음을 갖는 사람들의 평균 행복지수가 16.6인데 반해 그렇지 못한 사람들의 행복지수는 8.9라고 한다. 긍정적인 마음가짐이 행복을 결정하는 데 여전히 유효한 것이다.

미국 갤럽은 지난 50년 동안 행복에 큰 영향력을 미치는 5가지에 대한 연구를 진행했다. 5가지 주제가 전체적으로 적절한 균형을 유지할 때 진정한 행복을 만끽할 수 있다는 것이다. 행복을 구성하는 5가지 조건은 다음과 같다.

첫째, 내가 매일 하고 있는 일을 얼마나 즐기고 좋아하는 직업적 웰빙caree wellbeing이다.

둘째, 강력하고 끈끈한 인간관계로 '사랑하는 이들이 내 곁에 있는가'하는 것이다. 이는 사회적 웰빙social wellbeing이다.

셋째, 재정 상태를 효과적으로 관리하는 경제적 웰빙financial wellbeing이다.

넷째, 훌륭한 건강 상태를 유지하는 에너지로 육체적 웰빙physical wellbeing이다.

다섯째, 지역사회에 대한 참여 의식과 봉사 활동 등의 커뮤니티 웰빙community wellbeing이다.

과연 우리는 이들 중 몇 가지 조건을 만족하고 있을까?

1974년 펜실베이니아 대학 리처드 이스터린Richard Easterlin 교수는 제2차 세계대전 후 1950~1970년 일본의 국민소득은 7배나 뛰었지만 삶의 만족도는 오히려 떨어졌다는 조사 결과를 발표했다. 이를 바탕으로 세운 가설이 '행복은 돈으로 살 수 없는 것'이라는 이스터린 역설이다.

그런데 하버드 대학의 마이클 노턴Michael Norton 교수는 '돈으로 행복을 살 수 있는가?'라는 강연을 통해 돈과 행복의 상관관계에 대해 멋진 이야기를 들려주었다. 그는 돈으로 행복을 살 수 없다고 말하는 것은 아마도 방법이 잘못되었기 때문이라고 강연의 포문을 열었다. 특히 나 자신을 위해서만 돈을 쓴다면 결코 행복하게 돈을 쓸 수 없을 것이라고 말했다. 그러고는 그가 실험했던 '돈으로 행복을 사는 방법'에 대해 알려준다.

그는 돈을 넣은 봉투를 준비한 뒤 첫 번째 그룹에게는 평소대로 돈을 쓰게 하고, 두 번째 그룹에게는 타인을 위해 사용하게 했다. 그 뒤 두 그룹의 행복지수를 조사했다. 그 결과 자신에게 쓴 사람은 아무 변화가 없었지만, 타인을 위해 돈을 쓴 사람들은 이전보다 더 행복함을 느꼈다. 비교적 풍족한 캐나다의 대학생들과 에이즈와 말라리아가 만연한 가난한 나라인 우간다의 대학생들에게 같은 실험을 해보니 역시 결과는 같았다.

결국 풍족한 물질이 우리를 빛나게 하는 것은 아니다. 오히려 그것을 내가 아닌 다른 사람에게 사용했을 때 더 큰 행복을 느끼기 때문이다. 따라서 우리는 돈과 상관없이 나를 반짝반짝 빛나게 해주는 것이 무엇인지를 찾아야 한다. 누구나 이룰 수 있는 것, 누구나 기대할 수 있는 것에 대한 집착을 버리고 나만 이룰 수 있는 것을 깨달아야 존재만으로도 빛을 낼 수 있다.

그렇다면 이미 손에 행복의 연금술을 쥐고 있는데, 우리는 왜 반짝반짝 빛나지 않는 것일까? 수수께끼가 아닐 수 없다.

주위를 둘러보면 존재만으로도 주변을 행복하게 만들어주는 사람들을 볼 수 있다. 그들은 주변의 분위기를 밝게 만들어준다. 또한 모든 문제에 대한 해결책을 가지고 있다. 마지막으로 결코 희망이란 단어를 놓지 않는다. 그들에겐 '지금 이 순간'이 인생의 가장 빛나는 순간이다. 자신에게 주어진 기회를 잡을 줄 알며, 작은 기쁨도 커다랗게 받아들인다.

남미의 한 바닷가에서 성공한 사업가가 자신의 호화 요트가 있는 바닷가로 여행을 떠났다. 그곳의 해변을 거닐던 중 유유자적하게 빈둥거리는 어부를 발견했다. 사업가는 저렇게 게으르니 항상 가난하게 살 수밖에 없는 한심한 어부에게 충고했다.

"이보시오, 아직 해가 중천인데 왜 고기를 더 잡지 않고 그렇게 놀고만 있는 것이오?"

그러자 어부가 대답했다.

"고기를 더 잡아서 무엇을 하란 말이오?"

기가 찬 사업가는 "돈을 더 벌어서 더 큰 배를 사면 더 많은 고기를 잡을 수 있고, 그럼 부자가 되지 않겠소?"라고 말했다.

어부는 태평하게 누워 "부자가 되어서 무엇을 하란 말이오?"라고 되물었다.

"부자가 되면 나처럼 풍족하고 한가하게 삶을 즐길 수 있을 것 아니오!"

이 말을 들은 어부는 만면에 미소를 띠며 말했다.

"아, 내가 지금 그러고 있지 않소!"

이 이야기는 미래의 행복을 위해 현재의 행복을 버리고 무작정 돈을 좇는 어리석은 사람들에게 많은 돈이 많은 행복을 가져다주는 것은 아니라고 충고한다. 돈이 많으면 더 행복해질 것이라며 매일을 희생하면서 사는 것과 지금의 행복을 만끽하는 것 중 어느 것이 더 현명한 인생일까?

영화 〈죽은 시인의 사회〉의 키팅 선생은 학생들에게 17세기 영국의 시인 로버트 헤릭Robert Herrick의 시 〈처녀들에게, 시간을 소중히 하기를〉을 들려준다. 그 시는 이렇게 시작한다.

할 수 있을 때 장미 봉오리를 모으라,

시간은 계속 달아나고 있으니.

그리고 오늘 미소 짓는 이 꽃이

내일은 지고 있으리니.

키팅 선생은 학생들에게 "왜 시인은 할 수 있을 때 장미 봉오리를 모으라고 했을까? 그건 우리가 모두 언젠가는 죽을 것이기 때문이지"라고 말하며 "카르페 디엠Carpe Diem, 오늘을 잡아라, 제군들. 여러분의 삶을 범상치 않게 만들어라"라고 외친다. '오늘을 잡아라' 또는 '현재를 즐겨라' 라는 뜻의 라틴어인 카르페 디엠은 고대 로마 시대의 시인 호라티우스Horatius의 시에 나오는 문장이다. 호라티우스는 미래를 걱정하는 여인에게 시간이 얼마나 덧없는지 설명하면서 이렇게 말을 맺는다.

'Carpe diem, quam minimum credula postero(현재를 즐겨라. 미래에 최소한의 기대만 걸면서).'

지나간 과거에 사로잡혀 후회만 일삼고 있는 인생, 확실하게 정해진 것 없는 미래를 걱정하며 발만 동동 구르는 인생을 살기에는 인생이 너무 짧다. 오늘의 장미 봉오리는 언제 꽃이 필지, 그 꽃은 언제 질지 모르는 것이 인생이다. 누구에게나 바로 지금이 남은 인생

에서 가장 젊은 순간이다. 가장
푸릇푸릇한 바로 오늘, 반짝반짝
빛나는 지금 행복하지 않다는 건
너무 억울한 일이다.

'나는 지금 행복하다!'

이 얼마나 멋진 말인가. 모든 것을 바로 보고, 바로 느낄 수 있는 '지
금'의 의미와 그 순간의 행복을 느낄 수 있다면 우리는 충분히 가치 있
는 인생을 살아온 것이라 하겠다. 웃고, 이야기하고, 누군가와 함께하
고, 현재에 충실하고, 감정에 솔직하며, 누군가를 위하는 지금 이 순
간…. 삶은 이런 순간의 연속이다. 이런 순간들이 모두 모여 일상이 되
고, 우리의 일상은 행복으로 가득 찬다. 그리고 우리는 매일의 오늘을
가장 좋은 날로 만들 수 있다.

지금 가장 빛나는 순간으로 만든다는 것이 무엇인지를 생각하면
서 내린 결론은 반짝반짝 빛나는 사람들이 결코 특별한 사람들은 아
니라는 사실이다. 늘 자신감과 행복에 둘러싸인 그들은 극소수의 상
류층도, 특별한 교육을 받은 것도, 누구나 알만큼 유명한 것도 아니
다. 그들은 아주 작은 노력만으로 인생을 즐겁고 자신이 원하는 방향
으로 끌고 가는 방법을 터득한 사람들이다. 함께 있으면 즐겁고 힘을
북돋워주며, 아무리 끔찍한 상황에 부닥쳐도 이내 헤쳐나갈 수 있는
사람들이다. 이들이 특별하게 보이는 것은 언제 어디서나 자신을 밝

게 빛내는 사람들이 2%밖에 되지 않기 때문이다. 대부분의 사람들은 그들처럼 살기를 원한다. 그렇다고 안타까워할 필요는 없다. 우리 또한 2%의 사람이 될 기회를 충분히 가졌으니까.

아래 그림은 '행복'과 '불행'을 보여준다. 대부분의 사람들은 위쪽의 '행복한 기분'과 아래쪽의 '불행한 기분' 사이에 해당하는 감정을 느끼며 산다. 이 책을 읽고 있는 여러분과 나 또한 그러할 것이다. 우리의 기분은 하루 동안 벌어지는 일에 따라 달라진다. 평범한 나날을 살아가는 평범한 우리의 기분은 '괜찮은 편'이다. 그런데 어차피 한 번밖에 살지 못하는 인생인데 '그럭저럭 괜찮다'는 인생에 만족해야 할까?

물론 항상 아랫부분에 갇혀 지내는 사람도 있다. 그들은 부정의 연속에서 세상만사에 대해 불평을 늘어놓는다. 우리는 그들을 가리

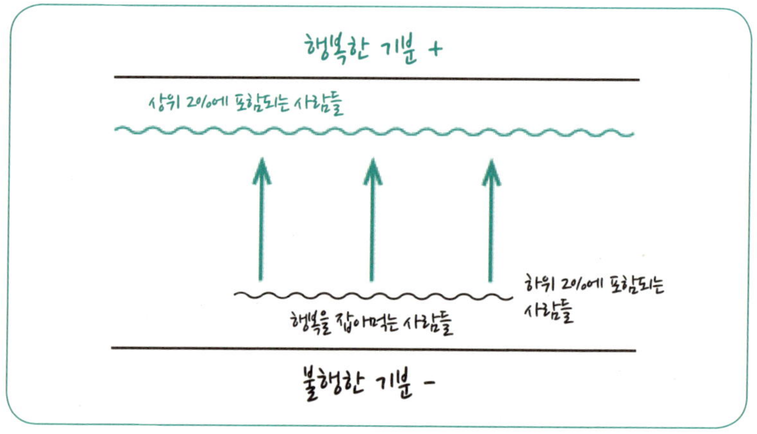

켜 '행복을 잡아먹는 사람'이라고 부른다.

그리고 마지막으로 가장 중요한 상위 2%의 사람들이 있다. 여기에 해당하는 사람들은 항상 긍정적이고 낙관적이다. 이들은 살면서 끔찍한 상황에 처한다 해도 어떻게든 이겨낸다. 이들은 모든 것을 할 수 있다고 생각하며 해결책에 초점을 맞추는 활기찬 사람들이다. 이들의 가치는 주변 사람들의 긍정 수치를 높여주고 힘을 북돋아주는 데 있다. 한마디로 말해서 직장에서든 집에서든 함께 있으면 좋은 사람들이다.

사실은 우리 모두 한때는 상위 2%에 드는 사람이었다. 하지만 자신을 둘러싼 문제에만 집중한 나머지 그 자리를 지키지 못했다. 그렇다면 어떻게 해야 두려울 것이 없고, 무엇이든 긍정적으로 바라볼

모든 일에 불만인 사람은 자신뿐 아니라 다른 사람들의 행복마저 잡아먹는다.
마치 청소기처럼.

줄 알던 그 시절로 돌아갈 수 있을까? 약간의 노력과 '할 수 있다'는 자신감만 있으면 누구나 삶을 즐길 수 있다. 꿈을 이룰 수도 있고 긍정적인 관계를 맺을 수도 있으며 더 건강해질 수도 있고 원하는 삶을 살 수도 있다. 물론 모든 일이 항상 생각대로 되지는 않을 것이다. 때로는 믿고 싶지 않은 일이 벌어지기도 할 것이다. 아무리 상위 2%에 드는 사람들에게도 나쁜 날은 있게 마련이다. 때로는 넘어졌다가도 오뚝이처럼 벌떡 일어서야 할 때가 있다. 그게 바로 삶의 묘미다. 재미있고 흥분되며 도전해야 하는 삶의 묘미 말이다.

삶을 즐거운 놀이터로 만드는 방식은 매우 다양하다. 내가 알고 있는 가장 간단한 방법은 하루에 1초씩만 투자함으로써 일상을 특별하게 만드는 것이다. 평범한 직장인인 세자르 쿠리야마Cesar Kuriyama는 하루에 딱 1초씩의 영상을 남기는 프로젝트를 진행하고 있다. 그는 지난 시간을 잊지 않기 위해 이러한 활동을 시작했다. 1초라는 그 짧은 시간이 나머지 많은 시간을 기억하게 해주는 역할을 하는 것이다. 그 1초 덕분에 그는 날마다 활기차게 보내며, 매 순간을 재미있게 보내려고 노력한다. 실제로 그의 삶을 그렇게 만들어가고 있기도 하다.

쿠리야마는 사람들이 자신의 과거와 일상을 잊고 살아가는 것을 매우 안타깝게 생각한다. 그는 자신의 일생에서 중요한 순간을 기억하고 싶어한다. 그것이 기쁜 일이든 나쁜 일이든 찰나의 순간을 선택해 기록으로 남긴다. 그는 때때로 3초를 남기고 싶은 열망에 사로잡히기도 한다. 그럼에도 과감하게 1초를 선택한다. 1초는 그가 앞으로 살아나

갈 순간의 시작이 되기도 하고 지금껏 살아온 발자취를 보여주는 단초가 되기도 한다. 그가 이 작업을 계속해 나간다면 40세에는 자신의 30대를 되돌아볼 수 있는 1시간짜리 영상이 만들어질 것이다. 만약 이 작업이 80세까지 이어진다면 그는 자신의 인생을 5시간으로 확인해볼 수 있을 것이다.

하루에 단 1초를 투자하는 이 작업 때문에 쿠리야마는 매일 아침 일어날 때마다 설렘과 즐거움을 느낀다. 무언가 의미 있는 영상을 만들기 위해 자신의 일상을 대하는 자세가 달라졌기 때문이다. 작은 행복도 크게 볼 수 있게 되었으며, 아픔은 나누고, 잘못은 되풀이하지 않게 되었다. 이제 그는 자신의 삶을 이끌어갈 재기발랄한 프로젝트를 통해 자신의 인생에 새로운 빛을 불어넣었다. 덕분에 많은 사람들이 더욱 의미 있는 삶을 살 수 있게 되었다.

이처럼 빛나는 생각은 빛나는 삶을 연출할 수 있도록 도와준다. 안 된다는 생각은 무거운 생각이다. 이런 생각을 하는 사람의 발걸음은 무거울 수밖에 없다. 무거운 발걸음을 옮기는 사람의 인생 또

한 무거울 뿐이다. 내 얼굴에 그늘이 지는 것은 스스로 얼마나 빛나는 사람인지 모르기 때문이다. 내 마음이 움츠러드는 것은 스스로 얼마나 아름다운 사람인지 모르기 때문이다. 내 삶을 방치하는 것은 스스로 오롯이 선택받은 사람이라는 것을 모르기 때문이다.

지금을 당신의 인생에서 가장 빛나는 순간으로 만들고 싶지 않은가? 그렇다면 앞으로의 여정도 우리와 함께하길 바란다.

Chapter 3

가장 늦게
결승선 통과하기

눈 부 신 인 생

믿지 못하겠다. 증명해 봐라.
그런다고 내가 믿을 줄 아는가?

《은하수를 여행하는 히치하이커를 위한 안내서》중에서

이 장에서는 왜 우리가 늘 걱정에 시달리는지, 무엇이 우리를 걱정과 불안으로 밀어 넣고 있는지를 살펴보려 한다. 동시에 부정적인 것이 평범한 세상에서 긍정적으로 산다는 것을 통해 무조건적인 긍정이 최선은 아니라는 긍정의 두 얼굴도 함께 고민해 볼 생각이다.

직장인이라면 누구나 금요일이 오기만을 손꼽아 기다린다. 심리학자인 로버트 홀든Robert Holden은 이를 가리켜 '목적지 중독destination addiction'이라고 정의했다. 목적지 중독이란 늘 목적을 세워두고 앞날만을 생각하는 심리상태를 말한다. 이런 사람은 행복을 느끼기 어렵다. 처음 세운 목적에 도달한 기쁨과 성취감을 느끼기도 전에 또 다른 목적을 찾는 데 급급해하기 때문이다. 마치 힘들게 일하고 열심히 절약해서 새집을 장만했는데, 내 집이 생겼다는 기쁨을 누리기도 전에 집안에 들여놓을 멋진 가구와 인테리어를 어떻게 해결할 것인지 고민하기 시작하는 것과 같다.

이렇듯 우리는 미래의 무언가를 향해 서둘러 앞으로 나아가고 싶어한다. 퇴근 시간이나 주말을 기다리는 것처럼 말이다. 만일 당신이

3주 후에 휴가를 떠날 계획을 세웠다고 하자. 누군가 당신에게 오늘 기분이 어떠냐고 묻는 순간 "이제 3주만 버티면 돼!"라고 대답할 것이다.

이것만은 확실하게 짚고 넘어가자. 지구에 살고 있는 사람 가운데 '살아갈 시간이 너무 많으니 어서 빨리 지나갔으면' 하고 죽는 날을 손꼽아 기다리는 사람은 아무도 없다! 그럼에도 우리는 앞으로만 나아가려고 한다. "별일 없으시죠?"라는 흔한 인사에 "아, 바쁘게 지내려고요"라고 대답한다. 하루 24시간이 빠듯하기나 한 듯 분주하게 지내지 않으면 안 된다고 생각한다. 오죽하면 '인류human race'라는 단어에 달리기를 뜻하는 'race'가 포함돼 있겠는가.

여기서 우리는 목적지 중독이 얼마나 잘못된 것인지 잠시 생각해볼 필요가 있다. 인생이 달리기라면 나는 절대로 가장 먼저 결승선을 통과하지 않을 것이다. 왜냐하면 인생은 단거리 달리기가 아니라 장거리 마라톤이기 때문이다. 마라톤에서는 속도보다 페이스 조절이 중요하다. 무조건 빨리 달리는 방법은 오히려 달리기에 방해가 된다.

그러니 전력질주를 한다고 더 나은 삶을 살았다고 할 수 없는 것이 인생이다. 남보다 빨리 결승선에 도착해도 다음 경기가 우리를 기다리고 있다. 사력을 다해 달리느라 숨이 차고 다리가 아프고 주변의 풍경을 보지 못한 채 살아가는 것보다 천천히, 그러나 매 순간을 의미 있게 살아가는 편이 더 나은 인생이다. 길가에 핀 꽃, 뺨을 부드럽게 간질이는 바람, 나를 응원해 주는 사람들의 목소리와 친절한 표정 등 모든 것을 눈과 가슴에 담고 달릴 수 있다면 조금 늦게 결승선에 도착해도 좋다. 행복한 기분에 저절로 페이스 조절이 될 것이다. 다만 무작정 천천히 걷기만 해선 안 된다. 비바람이 몰아치거나, 물 한 모금도 없는 사막을 만난다면 그저 천천히 움직이기보다 단 5분이라도 전력을 다해 그곳을 빠져나오려는 노력이 필요하다.

처음부터 무서운 속도로 전력 질주한 선수들은 중간지점도 가지 못하고 체력이 떨어져 포기하기 십상이다. 인생은 무조건 빨리 달리는 것이 아니라 끝까지 포기하지 않고 즐기면서 달리는 것이 중요하다. 그것이 바로 우리가 살아가는 이유이자 목적이다.

육상선수인 데릭 레드먼드Derek Redmond는 1992년 바르셀로나 올림픽 남자 400m 예선에서 45초 02의 가장 빠른 기록으로 준결승에 진출했다. 일생일대의 기회라는 생각에 출발 신호와 함께 야생마처럼 빠르게 달렸다. 150m 지점도 1위로 통과했다. 관중들은 그의 질주에 환호했다. 그런데 결승선을 얼마 남겨두지 않은 지점에서 '뚝' 소리와 함께 레드먼드의 오른쪽 허벅지 근육이 파열됐다. 같이 뛰던 선수들에 의하면 레일 위의 모든 사람들이 들을 만큼 파열음이 컸다고 한다. 레드먼드는 몇 걸음 걷지 못하고 주저앉았다. 경기를 지켜보던 진행요원이 성급히 달려왔다. 그러나 레드먼드는 혼자 힘으로 일어서 절뚝거리는 다리로 다시 뛰기 시작했다. 금방이라도 쓰러질 것 같은 모습이었다.

그때 관중석에서 한 흑인이 뛰어나와 그의 옆으로 다가갔다. 아버지였다. 아들의 고통을 보다 못한 아버지는 "그만하면 됐다"며 아들을 만류했다. 레드먼드는 고통스러운 표정을 지으면서도 "끝까지 달려야 한다"고 말했다. 아버지는 "그럼 함께 뛰자"며 아들을 부축했다. 가장 늦게 결승선을 통과한 두 사람은 부둥켜안고 눈물을 흘렸다. 경기장의 모든 관중이 그들의 모습을 보면서 응원의 함성과 기립박수를 보냈다. 비록 메달은 손에 넣지 못했지만, 사람들은 1등보다 레드먼드의 이름을 기억하고 있으며, 가장 큰 감동을 남겼다.

후에 레드먼드는 인터뷰에서 이런 말을 남겼다.

"이미 이기는 건 틀렸지만 무슨 일이 있어도 경기를 마치는 것이 나의 사명이라고 생각했다. 태어나 느껴본 가장 큰 고통이었지만 뛰어야만 했다. 좌절의 순간 나를 붙잡아준 것은 나의 코치이자 아버지였고, 나를 위로해 줄 수 있는 것 역시 나와 함께 뛰고 땀 흘려 온 오직 그 사람뿐이다."

누구나 빨리 가기를 원하지만 여의치 않을 때가 있다. 이럴 때는 멈추지 말고 계속 걷는 것이 중요하다. 무작정 달리려고만 하다가는 오히려 기회를 놓칠 수도 있다. 한 걸음씩 걷다 보면 어느새 꽤 먼 거리를 걸어온 자신의 긴 발자국을 확인할 수 있다.

천천히 가는 것을 두려워하지 마라. 다만 멈춰 있는 것만을 두려워하라. 어떻게든 '한 주를 버티는 것'은 인생의 목표가 될 수 없다. 우리 인생은 버티기 위해 주어진 것이 아니다. 그런데 왜 스스로 암울한 인생을 선택하려 하는가?

암울한 것을 찾고 싶다면 뉴스를 보거나 신문을 읽기만 하면 된다. 지금 당장 TV를 켜면 뉴스에서 끔찍한 소식을 들을 수 있을 것이다. 사회 전체가 이렇게 부정적인 틀에 갇혀 있다는 것이 놀랍지 않은가?

나는 지금 이 글을 6월의 어느 멋진 날에 쓰고 있다. 오늘 아침 TV를 켜보니 기상도 한복판이 빨갛다. 이건 오늘 날씨가 엄청나게 덥다는 뜻이다. 긍정적으로 생각하기로 한 나는 화면을 보면서 '오늘 날씨는 정말 맑겠는데!'라고 생각했다. 하지만 화면 밑에는 '폭염 경고'라는 문구가 쓰여 있었고 영국 국민보건 서비스(NHS)의 '폭염 긴급 대책 사이트'의 웹사이트 주소도 눈에 띄었다. 게다가 기상 캐스터는 쾌활한 목소리로 "폭염이 염려되시는 분은 웹사이트를 방문해 필요한 조치를 파악하시기 바랍니다"며 주의를 환기시키기까지 했다.

맑은 날씨 때문에 정부의 조언을 얻을 정도로 걱정하는 사람이 있다는 사실에 나는 놀라움을 금치 못했다. 도대체 무슨 조언이 있을지 궁금해서 직접 웹사이트에 접속했다. 다음은 영국의 여름 날 해가 떴을 때 어떻게 해야 할지 모르는 독자를 위한 정부의 공식적인 더위 피하는 방법이다.

1. 반바지를 입을 것(이건 분명 맞는 말이다).
2. 물을 많이 마실 것(이것도 사실임이 틀림없다).
3. 그늘에서 지낼 것(햇빛을 피하라는 말인 것 같은데, 아주 훌륭한 아이디어다!).
4. 이불을 치우고 침대 시트나 얇은 담요를 덮고 잘 것(이 역시 멋진 생각이다. 나는 왜 이 생각을 못 했을까?).
5. 찬물로 샤워할 것(정부 긴급 대책 사이트 덕분에 땀에 절어 지내지 않을 수 있을 것 같다).

휴! 이 조언을 보지 않았다면 나는 큰일 났을지도 모른다(반바지를 입고, 물을 많이 마시고, 그늘에서 지내는 것밖에 몰랐으니).

태양이 제 역할을 하는 것뿐인데 우리가 이렇게 허둥대는 것은 어쩌면 당연한 결과다. 대부분의 사람들이 인생을 장거리 마라톤이 아닌 단거리 경주로만 생각해 무조건 서두르려고 하기 때문이다.

긍정심리학은 사람들이 우울하거나 슬프다고 말하지 않는다. 오히려 우리에게 너무 급하게 산다고 한다. 이렇게 쫓기듯 사는 삶이 과연 잘 살고 있는 것일까? 우리는 행복과 기쁨, 감동, 자유로움과 같은 멋진 기분을 태양이 뜨는 잠시 동안만 느끼고 다음으로 미뤄버

린다. 아니면 금요일 밤에
만 느끼거나.

습관적으로 하위 2%의
불행의 영역으로 걸어가
는 것이다. 상위 2%의 기
분은 아주 가끔만 느낀다.

그것도 무작위로 말이다. 때로는 지난 수십 년간 오직 불행함만 느껴왔던 사람도 있었다! 그렇다고 그들이 불쌍하다는 것은 아니다. 그저 앞에서 말했듯이 진짜 불행한 것이 아닌, 불행에 '사로잡혀 버린' 사람들일 뿐이다(이보다 더 적절한 단어는 없는 것 같다). 부정적으로 사는 것이 습관이 된 것이다. 그들은 자신이 그렇다는 것도 모른 채 살아간다.

내겐 미셸이라는 친구가 있다(그녀에게 자신의 얘기를 들려줘도 좋은지 물어보자 흔쾌히 허락해 주었다). 우리는 3년 동안 같은 사무실에서 일했는데, 미셸은 "끔찍해!"라는 말을 입에 달고 살았다. 늘 그런 식이었다. 아침이면 미간을 잔뜩 찌푸린 채 사무실로 들어온다. 직장에서 근무하는 것이 마음에 들지 않았기 때문이다. "일은 잘 돼가, 미셸?" 하고 물으면 "말도 마. 끔찍해!"라는 대답이 돌아왔다.

그렇다고 미셸이 우울증을 앓는다거나 자살을 시도한다거나 하는 것은 아니다. 그저 나쁜 기분에 사로잡혀 있을 뿐이다. 그녀의 세상에서 날씨란 너무 춥거나, 너무 비가 많이 오거나, 너무 덥거나, 너무 바람이 많이 부는 것이다. 그녀에겐 너무한 일투성이다. 단 한 번도 멋진 적이 없었다. 전화벨이 울리면 그녀는 한숨부터 내쉰다.

"또 전화야. 고객이겠지. 끔찍해!"

미셸은 이런 식으로 자신이 불행하다는 생각에 사로잡혀 있었다. 그러던 그녀도 인생을 함께하고 싶은 괜찮은 남자를 만났다. 두 사람은 결혼했고 아들을 낳았다. 어느 날 미셸은 8주 된 아들을 자랑스럽게 사무실로 데리고 왔다. 우리는 그녀의 사랑스러운 아들을 보면서 미소 지었다. 아들을 안고 있는 그녀의 모습을 보고 있자니 내 얼굴에도 미소가 번졌다. '드디어 미셸도 어른이 되었구나!' 하는 감격에 환하게 웃으면서 "미셸, 이제 엄마네!"라고 소리쳤다. 그러자 그녀가 한숨을 내쉬더니 대답했다.

"나도 알아. 끔찍해!"

좋은 남편과 사랑스러운 아들이라는 커다란 행복을 얻고도 미셸에게 기쁨을 찾아볼 수 없었던 이유는 무엇일까? 나는 다시 '사로잡혀 있다'는 단어가 떠올랐다.

우리는 어느샌가 부정적인 생각에 사로잡히기 시작했고 이제는 그것이 자연스러워졌다. '부정적'이란 '조심스럽고 비관적인' 것을 뜻한다. 그리고 우리가 살아남을 수 있었던 것은 조심스러웠기 때문이다. 다윈의 '적자생존'은 "가장 조심스러운 생물만이 살아남는

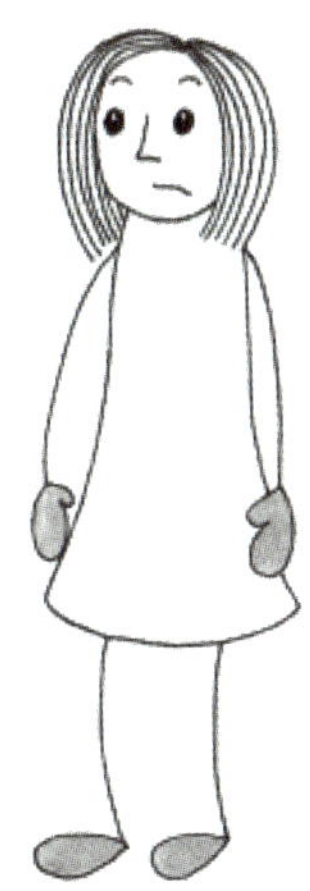

다"는 주장과 매우 밀접한 관련이 있다. 우리는 그것을 '방어적 사고defensive thinking'라고 부른다. 이처럼 해야 할 것보다 하지 말아야 할 것, 좋은 것보다 나쁜 것, 행복보다 불행에 익숙해진 사람들이 증가하면서 평범하다는 것은 온갖 불만과 부정적인 생각, 세상의 나쁜 일에 집중하는 것을 뜻하게 됐다.

늘 불만과 걱정투성이인 미셸을 보면 앤서니 브라운Anthony Browne의 동화 《겁쟁이 빌리》가 생각난다. 빌리는 걱정이 많은 아이다. 정말 많은 것들을 걱정했는데 모자도 걱정이고 신발, 구름, 비를 봐도 걱정이었다. 어느 날은 커다란 새가 자신을 어딘가로 데려갈지도 모른다고 걱정했다. 엄마와 아빠는 이런 빌리를 다정하게 안아주면서 위로한다.

"애야, 걱정 마라. 그런 일은 일어나지 않을 거야. 모두 너의 상상일 뿐이란다."

"걱정 마라, 아가야. 엄마 아빠가 무슨 일이 있어도 널 지켜줄 테니."

하지만 빌리는 여전히 걱정이 많았다. 그러던 어느 날 빌리는 할머니 댁에서 자게 되었다. 다른 집에서 잔다는 생각에 더 걱정이 많아진 빌리는 잠을 잘 수 없었다. 결국 빌리는 할머니에게 도움을 청했다. 할머니는 걱정투성이인 빌리를 보면서 "아가야, 나도 너만 했을 때는 걱정이 많았단다. 너에게 이것을 주어야겠구나!"라면서 무언가를 건넸다.

손가락 크기의 작은 인형 6개였다. 할머니는 "이 애들은 걱정인형이란다. 잠들기 전 이 인형에게 너의 걱정을 하나씩 이야기하렴. 그리고 베개 밑에 넣어두는 거지. 그럼 네가 자는 동안 이 인형들이 대신 네 걱정을 해줄 거란다"라고 설명했다.

할머니의 말대로 걱정인형 덕분에 빌리는 그날도, 그다음 날도 걱정 없이 잠들었다. 그러나 빌리에게 또 다른 걱정이 생겼다. 자신의 걱정은 걱정인형에게 말하면 되지만 걱정인형의 걱정은 누가 들어줄지 걱정된 것이다. 고민하던 빌리는 결국 걱정인형들을 위한 또 다른 걱정인형들을 만들어주었다. 이후 빌리와 걱정인형, 그리고 걱정인형의 걱정인형들도 행복하게 잘 지냈다는 이야기로 동화는 끝난다.

《겁쟁이 빌리》가 전하는 메시지는 걱정이 꼬리에 꼬리를 문다는 사실이다. 오죽하면 티베트 속담에 "걱정을 해서 걱정이 없어지면 걱정이 없겠다"는 말이 있겠는가. 걱정과 불안이 넘치는 삶이 싫다면 걱정하지 않으면 된다. 걱정이 많은 사람은 하나의 걱정이 사라

지는 순간 그다음 걱정으로 불안
해한다. 불만이 많은 사람 역시
하나의 불만이 해결되면 그다음
불만 때문에 행복을 느낄 여유를
만들지 못한다.

　원래 걱정인형은 중앙아메리카의 과테말라 고산지역 인디언들의
입에서 입으로 전해져 내려오던 것이다. 아주 작은 나무 조각과 천
조각으로 만든 이 인형에게 걱정을 말하는 자는 동안 인형이 대신
걱정을 해주고, 인형을 가지고 있던 사람은 잠시나마 깊은 잠 속에
서 휴식을 취할 수 있다는 것이다. 과테말라 아이들은 잠자리에 들
기 전 각각의 인형들에게 걱정거리를 하나씩 털어놓았고 인형을 베
개 밑에 넣어둔 채 잠을 청했다고 한다. 걱정인형이 자신의 걱정을
멀리 사라지게 해준다고 믿었던 것이다. 일종의 주술 인형 같기도
하지만 내 걱정을 누군가에게 떠맡기고 푹 잠을 잘 수 있다는 건 참
멋진 일이다. 게다가 어느 날 소리소문없이 인형이 사라지면 내 걱
정도 함께 가지고 사라진다고 하니 밑져야 본전 아닐까? 한번 만들
어보는 것도 좋겠다.

　참, 걱정인형에게 걱정을 말할 때는 반드시 소리 내어 말해야 한
다고 한다. 그렇다고 큰소리로 외칠 필요는 없다. 걱정인형에게 들
릴 정도로만 소곤소곤 이야기하면 된다. 안타깝게도 걱정인형에겐

텔레파시 능력이 없다고 하니 마음속으로만 걱정을 말하지 말고 조심스레 용기 내 나의 걱정을 말해 보자. 그렇게 걱정을 털어놓은 뒤에는 늘 걱정인형을 들고 다니면 된다. 겁쟁이 빌리처럼 잘 때는 베개 밑에 넣어두면 효과가 더 좋다고 한다.

행복이란 고난과 어려움을 외면하거나 회피한다고 주어지는 것이 아니다. 자신의 태도를 긍정적으로 변화시킴으로써 주변 환경을 조금씩 의지대로 변화시켜 나가는 과정에서 얻는 느낌이다.

그렇다면 어떻게 해야 행복해질 수 있고, 성공에까지 이를 수 있을까? 대표적 긍정심리학자인 하버드 대학의 숀 아처Shawm Achor 교수는 '행복학' 강좌에서 "행복하다고 느끼고 싶다면 간단한 것부터 시작하라"고 조언한다. 그는 아침에 눈을 뜨면 주변 사람들에게 감사의 메시지를 보내거나 하루 동안 감사했던 일 세 가지를 적어두라고 권한다. 스스로 자신의 일상 속 기쁨을 기록하거나 감사하는 과정에서 자기 일에 대한 의미를 찾고 더욱 애착을 갖게 된다는 것이다.

솔직히 말해 누구라도 걱정에서 자유롭지 못한 것이 인생이다. 나이가 많든 적든, 여자든 남자든 관계없이 세상은 이런저런 걱정으로 둘러싸여 있다. 새해 첫날이면 세우는 계획들도 가만히 그 내용을 들여다보면 우리들의 걱정거리를 역설적으로 대변하고 있다.

'취직하기' '다이어트하기' '지금 하고 있는 일을 그만두고 세계일주하기' '사표 내고 창업하기' '건강해지기' 등 모든 것이 지금 우리가 가진 가장 큰 걱정 중 하나인 셈이다.

그런데 어니 J. 젤린스키의 《느리게 사는 즐거움》에 따르면 우리가 하는 걱정의 40%는 절대 일어나지 않는 것이라 한다. 30%는 이미 일어난 사건들이고, 22%는 사소한 사건, 그리고 4%는 우리가 결코 바꿀 수 없는 일이다. 결국 나머지 4%가 우리가 걱정해야 하고, 또 대처할 수 있는 일이라고 한다. 결론적으로 우리는 지금 96%의 '쓸데없는' 걱정에 삶과 에너지를 허비하고 있다. 이 또한 걱정의 악순환이 아니고 무엇이겠는가.

때로는 '물이 반밖에 안 남았네'가 아니라 '물이 반이나 남았네!'라며 무조건 긍정적인 생각만으로도 쓸데없는 걱정을 없애버릴 수 있는 게 아니냐고 반문하는 사람이 있다. 하지만 내가 이 책에서 말하는 긍정과 행복이란 '무조건적인 긍정'이 아니다. 때로는 '절대 긍정'이 걱정과 불안보다 위험하다.

미국의 사회비평가이자 작가인 바버라 에런라이크Barbara

Ehrenreich는 자신의 저서 《긍정의 배신》에서 미국의 금융위기는 긍정적 사고 때문에 발생했다며 꽤 논리적인 주장을 펼친다. 그녀는 무조건적인 긍정적 사고가 어떻게 우리의 발등을 찍는지, 그리고 절대 긍정의 끝이 결국엔 배신이라는 무시무시한 결과로 돌아오는 과정을 보여준다. 미국의 은행들은 돈을 갚은 능력이 되는지 안 되는지 확인도 해보지 않고 사람들에게 돈을 빌려주었다. 그리고 사람들은 주택 가격은 언제든 오르기만 했으니 앞으로도 영원히 오르기만 할 것이라는 낙관적인 안목으로 집을 샀다. 그 결과는 미국의 금융 붕괴와 그로 인한 세계적인 경제위기라는 참담한 모습으로 확인할 수 있었다.

에런라이크가 《긍정의 배신》을 쓰게 된 것은 유방암 판정을 받으면서라고 한다. 유방암이라는 청천벽력 같은 소식에 어떻게 하면 병을 치료할 수 있는지 자료를 찾던 중 미국에 있는 수많은 유방암 환자들이 병을 극복하기 위해 '긍정'이라는 것에 매달리고 있다는 사실을 알게 되었다. 긍정적으로 생각하고 긍정적으로 현실을 받아들이니 암을 이겨낼 수 있었다는 사례를 접한 것은 물론이고, 완치되

지 못한 사람들은 '긍정적 사
고'가 부족한 사람으로 여기
는 아이러니한 현실이 기막혔
던 것이다.

심지어는 '암에 걸려 행복
하다' '암을 이겨내고 나니 세
상은 더욱 아름답고 새로운 생명을 얻은 것 같다' '다시 한 번 암에
걸려도 나는 기꺼이 받아들이고 이겨 내겠다'는 말도 안 되는 절대
긍정 앞에서 지나친 긍정이 때로는 우리에게 부정보다 더한 독이 된
다는 사실을 깨달은 것이다.

긍정적 사고가 극단적으로 치우친 사례는 주변에서 흔히 찾아볼
수 있다. 어느 학교를 방문했을 때의 일이다. 한 교사가 원하는 것은
무엇이든 될 수 있다는 생각의 도가니로 청소년들을 이끌고 있었다.
아이들이 각자 자신의 꿈을 외칠 때마다 이곳저곳에서 함성이 터져
나왔다. 아이들은 우주비행사며 축구 선수, 뇌과학자가 되고 싶어했
다. 그 모습을 보면서 나는 영국에서 가장 낙후된 지역의 학교에서
아이들에게 무엇이든 될 수 있다는 사실을 세뇌하는 것이 무슨 소용
이 있을까 하고 생각했다. 그보다는 아이들이 장래희망에 조금이라
도 더 가까이 다가갈 수 있도록 새로운 교육 프로그램을 개발하는
것이 우선이 아닐까?

큰 꿈과 야망을 품는 것은 절대 잘못된 일이 아니다. 나 역시 모두가 큰 꿈을 가져야 한다고 생각한다. 그렇지만 그 전에 알아둬야 할 것이 있다. 이는 내 생각이기도 하지만 세계적인 베스트셀러 작가이자 연설가인 지그 지글러Zig Zigler가 남긴 말이기도 하다.

긍정적 사고가 할 수 있는 것은 대체 무엇일까?

솔직히 말해서 지나치게 긍정적 사고에 열광하는 누군가가 긍정적 사고를 하면 '무엇이든 할 수 있게 된다'고 말하는 것을 들을 때마다 나는 참을 수가 없다. 잠시 생각해 보면 그 말이 얼마나 모순적인지 알 수 있을 것이다. 우스운 예를 하나 들어보자. 나는 긍정적 사고를 하는 사람이지만 슬램덩크를 할 수는 없다. 또한 큰 수술, 아니 작은 수술이라도 집도하고 난 후에 그 사람이 살 것이라고 기대하는 것은 터무니없는 일이다. 몸무게가 135kg도 더 나가는 미식축구 선수인 네이트 뉴튼Nate Newton은 긍정적이고 활달한 사람이지만 기수나 발레 댄서로는 절대 성공하지 못할 것이다.

긍정적 사고를 한다고 해서 '모든 것을 할 수 있는 것'은 아니라고 말하는 편이 안전할 것이다. 그러나 긍정적 사고를 하면 부정적 사고를 할 때보다 '모든 것을 더 잘하게 될 것'이라고는 말할 수 있다. 긍정적 사고는 자신이 가진 능력을 활용하게 해준다. 그게 긍정적 사고가 가진 놀라운 힘이다. 어두운 방에 들어가 스위치를 켜면 그 즉시 방이 환해진다. 스위치를 켠다고 해서 전기가 발생하는 것은 아니다. 스위치는 그곳에 저장된 전기를 내보낼 뿐이다. 긍정적 사고가 바로 이런 식으로 작동하는 것이다. 자신이 가진 능력을 내보내면서 말이다.

1. 지구의 종말이 일주일 후로 다가왔다면 당신은 무엇을 하겠는가?

____

____

____

____

2. 미래에 은퇴할 시점이 닥쳤다고 상상해 보자. 그동안 해왔던 일을 되돌아보자. 이제껏 깨달았던 교훈 가운데 가장 중요한 세 가지는 무엇이고 그 이유는 무엇인가?

____

____

____

____

3. 당신에게 영감을 불러일으키는 사람을 생각해 보라. 그 사람은 어떤 행동으로 당신을 행복하게 해주는가?

____

____

____

____

4. 기분이 가장 좋을 때 당신은 어떤 모습인가?

____

____

____

5. 오늘은 당신의 100번째 생일이다. 그런 당신의 생일을 기념하기 위해 성대한 가족 파티가 열리고 있다. 누군가 자리에서 일어나 당신에 관해 이야기한다. 당신은 그가 무슨 말을 해주길 바라는가?

____

____

____

____

____

____

____

____

6. 자신이 가진 것 중 정말 좋으면서도 당연하다고 생각하는 10가지를 적어라(한 워크숍에서 이 연습을 할 때 아내와 자녀보다 1순위로 '연어 통조림'이라고 적은 사람이 있었다).

____

____

____

____

____

7. 위 질문들에 답하면서 떠올랐던 생각 가운데 가장 중요한 것은 무엇인가?

____

____

____

____

____

____

____

Chapter 4

내 안에 숨어 있는 아이와 만나라

왜 내 몸에서 빛이 나지?
행복해서 그런 걸까, 아니면 원자력 발전소 옆에 살아서 그런 걸까?

한 번에 하루씩만 상대하려고 하지만 때로는
여러 날이 한꺼번에 나를 공격할 때도 있다.

애슐리 브릴리언트Ashleigh Brilliant

얼마 전 '엔트로피entropy'라는 단어를 알게 됐다. 새로운 단어를 들으면 우선 뜻부터 확인하는 나의 호기심 덕분에 찾아본 엔트로피는 정말 멋진 말이었다! 기본적으로 엔트로피란 기계에 관한 물리학 법칙으로 자연 물질이 변형돼 원래의 상태로 환원될 수 없는 현상을 말한다. 즉 모든 에너지는 가용한 것에서 무용한 것으로 변한다는 자연적 변화에 대해 과학적으로 정의 내린 것이다. 아직도 어렵다면 더 간단하게 설명할 방법이 있다. 쉽게 말해 뜨거운 물을 가만히 두면 차가운 물로 변화하고, 차가운 물은 에너지를 가하지 않는 한 결코 자연적으로 뜨거워지지 않는다는 것이다.

내가 기억하는 최초의 엔트로피는 아마도 어린 시절 아버지의 자동차가 아니었나 싶다. 작은 자동차를 몰고 다니던 아버지는 동생이 태어나자 더 커다란 자동차를 샀다. 그렇지만 원래 가지고 있던 자동차를 팔지는 않았다. 몇 년 동안 뒤뜰 창고에 가만히 세워져 있던 자동차는 점점 광택이 사라졌고 녹이 슬어버렸다.

처음에는 빨갛게 빛나던 색이 서서히 주황색으로 변했다. 타이어의 바람도 모두 빠져버렸다. 저절로 범퍼가 쑥 들어가기도 했다. 아버지의 자동차에서 엔트로피 원리를 찾을 수 있다. 움직이지 않는 자동차에서 서서히 에너지가 빠져나간 것이다. 그러고는 점점 더 망가져버렸다. 고철 수집상이 아버지에게 5파운드를 주고 가져간 것이 자동차의 마지막 모습이었다.

재미있는 것은 오래전 세계적 경제학자이자 문명비평가인 제러미 리프킨Jeremy Rifkin은 이 법칙이 비단 자연적 현상뿐 아니라, 우리 삶을 둘러싼 사회와 문화에서도 유사하게 나타나고 있음을 주장했다. 그는 구체적 사례를 들어가며 우리가 사는 세상이 시간의 흐름에 따라 처음 의도와는 다르게 왜곡되거나 변질되는 과정을 설명했다. 우리가 속한 조직이나 개인의 심리상태도 마찬가지다.

긍정심리학의 세계적 학자이자 몰입이론의 창시자인 미하이 칙센트미하이Mihaly Csikszentmihalyi 교수는 대부분의 사람들이 아무것도 하지 않고 혼자 있을 때 마음이 서서히 무너지고 무언가 걱정거리를 찾게 된다고 말했다. 이러한 상태를 가리켜 '심리적 엔트로피'라고 부른다. 마음은 가만히 내버려두면 무질서를 찾아가려 하므로 이를 되돌리려는 노력이 필요하다는 것이다.

심리적 엔트로피는 두려움, 슬픔, 지루함, 고통, 공포, 불안, 질투, 분노, 걱정 등 우리 마음을 관리하는 내부 질서가 흐트러진 상황이다. 이때는 무너진 질서를 다시 세우는 데 모든 신경을 쏟기 때문에 다른 일에 집중하지 못한다. 문제는 특별한 자극이나 노력이 없는 상태에서 대부분의 인간이 무질서 상태로 빠져들고자 하는 충동적인 힘, 즉 심리적 엔트로피 상태에 빠진다는 것이다.

심리적 엔트로피는 자기 파괴의 길로 향하는 것이다. 적극적으로 삶의 에너지를 보충하려는 노력이 없으면 마치 중력이 사물을 아래로 끌어당기듯 엔트로피의 힘이 우리를 낮은 차원으로 끌어내린다. 자신의 가치를 제대로 보지 못하고, 세상이 불만투성이로 보이며, 더 행복한 삶에는 관심조차 없어진다. 우리가 하루 동안 얼마나 많은 엔트로피의 힘을 견디면서 사는지 모를 것이다. 나 스스로 무너져 내리지 않기 위해서는 몸과 마음이 방전되지 않도록 끊임없이 보살피고 관심을 둘 필요가 있다.

게임에서도 엔트로피를 확인할 수 있다. 게

임을 시작할 때 내 캐릭터는 에너지를 가지고 있다. 보통 체력과 정신력 두 가지다. 캐릭터가 상대에게 공격당하면 일정량의 체력이 감소하고, 내가 상대를 공격하는 기술을 사용하면 일정량의 정신력 역시 소모된다. 캐릭터의 체력이 0이 되는 순간 게임은 끝난다. 따라서 정신력을 충전할 수 있는 다양한 아이템을 꾸준히 획득해야 한다.

정신력의 소모가 계속되면 결국엔 방전에 이른다. 정신력이 '0'이 되는 순간, 그 결과는 개인마다 다르게 나타난다. 기계도 그렇듯 방전되면 충전을 하는 게 당연하지만 정신력은 마이너스로 돌입하는 순간을 맞이하기도 한다. 심리적 엔트로피에 빠지는 것이다. 그 찰나에 우리는 자신을 방어하기 위한 행동을 취하는데 화를 내거나, 소리를 지를 수도 있고 눈물을 흘리기도 한다. 정신력의 방전을 거쳐 마이너스로 들어설 때의 행동은 주로 자라온 환경의 영향을 받는다.

내 경우에는 사람들을 만나는 일에서 굉장히 많은 정신력이 소모된다. 이는 내가 좋아하는 사람을 만나든 그렇지 않은 사람을 만나든 마찬가지다. 만남의 결과물이 좋은가 나쁜가도 별다른 영향을 끼치지 않는다. 그저 누군가를 만난다는 과정에서 꽤 많은 정신력이 소비되는 것이다.

잦은 만남으로 생각 이상의 정신력을 소비했을 때 나는 정신력의 방전을 넘어 심리적 엔트로피에 빠지는 것을 막기 위해 곧바로 충전 시간을 가진다. 나는 주로 혼자서 카페나 정원에 앉아 음악을 듣고 책을 읽으며 충전한다. 특히 카페에서는 평소엔 잘 먹지 않는 타르트나 쿠키를 주문한다. 커피와 함께 달콤한 음식이 입안으로 들어갈 때 느끼는 만족감은 환상적이다. 마치 게임에서 체력과 정신력을 충전해 더 높은 레벨로 올라가는 것과 같다. 이처럼 나는 심리적 엔트로피에 빠지지 않기 위해 종종 내가 가진 체력과 정신력이 얼마나 되고, 이를 소모하게 만드는 일은 무엇인지, 그리고 소모된 에너지를 충전해 주는 것들에 대해 생각한다.

홀로 책을 읽는 시간은 분명 나의 몸과 마음의 에너지를 충전시켜 주는 멋진 일이지만 내게 있어 최고의 충전은 아이들이다. 곰곰이 생각해 보니 어린 시절에는 심리적 엔트로피에 빠진 경험이 거의 없다. 두려움, 슬픔, 지루함, 고통, 공포, 불안, 질투, 분노, 걱정 등 우리 마음을 관리하는 내부 질서가 흐트러진 상황에 놓였다는 것을 깨달은 것은 어른이 되고 나서였던 것 같다.

우리가 태어났을 때, 그러니까 우리가 이 세상에 맨 처음 존재했을 때 우리의 상태는 완벽했다. 그리고 그만큼 빠르게 세상에 적응해 나간다. 갓난아기였던 아이는 어느새 걷기 시작하고, 놀라움에 빠지기 무섭게 처음으로 문장을 만들어 이야기한다. 학교에 들어가고 사춘기를 지나 사회인이 될 준비를 한다. 인생이 재빨리 지나가는 것도 아니지만, 막상 모든 시간을 뒤돌아보면 '그 순간을 잘 누린 것일까?' 하는 자문과 함께 뒤돌아보게 된다.

우리는 어린 시절의 마법을 그 어떤 핑계로도 그냥 흘러가게 내버려두어서는 안 된다. 세상 모든 근심을 짊어진 어른들과 달리 심리적 엔트로피라는 것을 모르는 어린아이들은 경이롭다. 부활절에 교회 종이 울리면 마당에서 암탉이 정말 초콜릿으로 된 달걀을 낳고, 크리스마스에는 산타클로스 할아버지가 선물을 주러 온다고 믿는다. 당신이나 주변에 그 또래의 아이가 있으면 아이와 함께 보내는 시간이 경이롭다는 것을 느낄 것이다.

아이들은 모든 현상에 대해 궁금증을 가지고 있다. 내가 아이를 키우면서 가장 힘든 일 중 하나도 끊임없이 "왜요?"라고 물어오는 아이에게 어떻게 대응해야 좋을지 모르는 것이었다. "왜 물을 마셔야 돼요?" "시간이 왜 가요?" "별은 왜 하늘에 있어요?" "왜 잠을 자야 해요?"와 같이 이어지는 아이들의 질문에 바로 대답할 여유와 능력을 가진 사람은 많지 않다.

스스로에게 그런 질문을 하지 않기 때문이다. 아이들은 자신을 둘러싸고 있는 모든 것에 호기심을 가지고 있다. 따라서 모든 것이 신기하고 궁금하다. 하지만 모든 것이 빠르게 흘러가는 약육강식의 시대에 적응한 어른들은 주위에 신경 쓰기보다 자신에게 집중하는 데 모든 시간을 할애한다.

가끔은 아이들의 눈으로 사물을 보고, 그들의 질문에 대답하는 시간을 가져보자. 모든 것에 의미를 부여하는 질문을 던져보는 것이다. 인생을 더 깊게 바라볼 수 있는 본질적인 질문 말이다. 이에 대해 대답하는 순간은 순수한 기쁨과 발견의 순간이며 심리적 엔트로피에서 벗어날 수 있는 순간이기도 하다. 우리는 아이들에게서 모든 것을 배울 수 있다. 아이들은 모든 것을 발견하기 위해 어른을 필요로 한다. 그러니 아이와 함께 더 많은 시간을 보내면서 내가 아이였을 때로 돌아가는 기회를 주자. 순수함과 호기심이 가득한 시간 속에서 우리는 평소 잊고 지냈던 인생의 소중함을 깨달을 수 있다.

마이클 부부는 우리의 오랜 이웃이었다. 부부와 아이들 모두 나이가 비슷해 통하는 것이 많았다. 두 가족은 주말이면 함께 여행을 떠나기도 했다. 태양이 뜨겁던 어느 날, 두 가족이 아이들을 데리고 근처 바닷가로 해수욕을 나섰다. 시원한 음료와 파라솔 등을 챙겨 분주하게 움직였지만, 깜빡하고 딸아이의 튜브를 가져오지 않았다. 친구가 튜브에 올라타 파도를 즐기는 모습을 본 아이는 자신도 튜브를 가지고 싶다고 칭얼거렸다.

난감해진 나는 마이클에게 잠시만 튜브를 빌려줄 수 있는지 물었다. 마이클은 자신의 딸아이가 너무도 즐거워하기에 빌려줄 수 없다고 대답했다. 친구보다 가까운 오랜 이웃의 부탁을 당연히 들어줄 거라 믿었던 나는 마이클의 거절에 순간적으로 기분이 상했다. 심리적 엔트로피 상태에 빠진 것이다. 그때부터 우리는 냉랭한 말투로 서로를 대했다. 어색하기 짝이 없는 휴일이 지나가고 있었다.

그때 멀리서 딸아이의 웃음소리가 들렸다. 소리가 들리는 곳을 바라보니 두 아이가 하나의 튜브에 함께 올라타 즐겁게 놀고 있었다. 늘 보던 행복한 미소였다. 순간 나는 얼굴이 화끈거림을 느꼈다. 어른들이 자신의 욕심만 채우겠다며 감정 싸움을 하고 있을 때, 아이들은 함께 나누며 즐기는 법을 스스로 터득하고 있었다.

부끄러워진 나는 마이클에게 조금 전의 무례함을 사과했다. 마이클 역시 자신만 생각한 행동이 잘못됐음을 인정했다. 만일 아이들이

아닌 회사에서 이런 상황이 벌어졌다면 어떠했을까? 깜빡 잊고 자료를 놓고 온 내가 동료에게 대신 발표를 부탁하거나, 새로 자료를 만들어줄 것을 요청했다면 대부분 거절당했을 것이다. 결국 나는 딸아이에게서 잊고 지냈던 배려와 친절이라는 깨달음을 배웠다.

그 후로 나는 가능한 많은 시간을 아이와 함께 보내려 노력한다. 나에게는 아직도 아이가 처음으로 퍼즐을 다 맞추었을 때 함께 기뻐하던 순간이, 처음으로 혼자 자전거를 타고 동네 한 바퀴를 완주했을 때의 대견함이, 전에는 알지 못했던 채소의 맛을 발견한 아이가 맛있게 음식을 먹는 모습을 보며 함께 축하해 주던 기억이 선명하다. 그리고 이는 힘들고 지칠 때 슬며시 웃음을 짓게 하는 가장 강력한 충전 에너지가 되었다. 자신의 아이가 빛나는 순간을 함께 할 수 있다는 것은 엄청난 행운과 같다.

왜 우리는 나이 들면서 꿈꾸는 것을 그만두고 어린 시절에 가졌던 호기심과 긍정적인 생각을 잃어버리는 걸까? 뉴스에서 온종일 울려 퍼지는 나쁜 소식 때문일까? 아니면 직장에서 우리를 괴롭히는 상사 때문일까? 대출이나 내집마련과 같은 현실이 압박하는 걸까? 이 모든 것이 우리가 꿈꿀 시간을 빼앗아 가는 걸지도 모르겠다.

더 이상 꿈을 잃지 않기 위해, 긍정적인 에너지를 빼앗기지 않기 위해, 나는 매일 적어도 한두 시간씩은 아이들과 함께 보내는 시간을 가지려 애쓴다. 일은 나중에 해도 좋다. 하지만 같이 놀고, 밥을 먹고, 책을 읽어 주고, 함께 목욕하는 시간을 공유하는 것은 지금이 아니면 안 된다. 아이에게 당신이 필요할 때 거기에 있어주어라. 그렇게 보낸 당신의 하루야말로 최고의 에너지를 얻을 기회다.

Chapter 5

인생에는
사용설명서가 없다

나만이 내 인생을 바꿀 수 있다.
아무도 날 대신해 해줄 수 없다.

캐럴 버넷*Carol Burnett*

지금부터는 내 인생의 첫 경험에 관해 이야기해 볼까 한다. 첫 사랑, 첫키스, 첫날밤, 첫차 등 이상하게 '처음'이란 말만 들어도 괜히 기분이 설렌다. 하지만 설렘과 동시에 긴장감도 들기 마련이다. 대체 어떻게 하는 게 맞는 것인지, 설마 내 방법이 틀린 것은 아닌지 하는 불안함 때문이다. 이럴 때 우리에게 필요한 건 무엇일까?

사실 나는 종교적인 사람이 아니다. 하지만 불교나 기독교, 그 외의 종교에 관한 책을 종종 읽곤 한다. 한번은 불교에 관한 책을 읽었는데 많은 도움을 받았다. 첫 페이지에 나온 조언은 '매일 아침 일어날 때마다 치통이 없는 것에 감사하라'였다. 그 문장을 읽었을 때는 별다른 감흥을 받지 않았지만, 딱 한 달만 그 말대로 실천해 보기로 했다.

매일 새벽 6시면 알람이 울린다. 단 몇 분이라도 늦게 울렸으면 하는 그 소리를 들으며 이불 밖으로 발가락 하나를 빼꼼 내밀어본다. 그러고는 재빨리 다시 이불 속으로 집어넣는다. 아직 일어나기엔 너무 이른 시간이고, 밖은 어둡고 춥다. 하지만 언제까지나 뭉그적거릴 수는 없다. 서서히 정신이 들기 시작한다.

머릿속엔 '또 하루가 시작되는구나' 하는 생각뿐이다. 매일 똑같이 흘러가는 일상의 반복. 하지만 조심스레 손으로 턱을 쓰다듬어본다. 치통이 없다. 야호! 치통이 없다는 사실만으로도 하루를 즐겁게 시작할 수 있다. 슬며시 웃음을 지으며 침대에서 일어난다.

바보 같다고 생각되는가? 한 달만 실천해 보면 중요한 건 치통이 아님을 알 수 있다. 손바닥으로 턱을 스윽 만져보는 것만으로도 무사히 침대에서 일어날 수 있다는 사실에 감사하는 것이 중요하다. 비록 나는 종교가 없지만 자신이 믿는 존재가 있는 사람이라면 감사하는 마음은 훨씬 클 것이다.

마지막으로 내 심장이 365일 열심히 뛰고 있음에 고마워한 적이 언제인가? 가족을 볼 수 있고 계절의 변화를 확인할 수 있는 눈에게는 어떠했는가? 가고 싶은 곳에 갈 수 있고 멋진 신발을 신을 수 있게 해준 두 발은 또 어떠한가? 이렇게 자신의 몸이 무사함을 확인하고 감사함을 표시해 보자. 내가 얼마나 행운을 얻은 사람인지 알 수 있을 것이다. 살아 있음을 확인하는 것처럼 기쁜 일은 없다. 우리가 건강에 가치를 부여하기 시작하는 순간 삶의 에너지가 차오르기 시작한다.

내가 종교에 대해 알고 있는 기초적인 지식은(기독교를 근거로 했으며, 정말이지 가장 기초적인 지식에 불과하다) 성경에 하느님이 세상을 창조했다고 쓰여 있다는 정도다. 그러나 다윈과 그의 추종자들은 우리가 습지생물로부터 진화를 거쳐 인간이 되었다고 주장한다. 종교를 믿는 사람이든, 과학을 믿는 사람이든 나의 말에 기분이 언짢아졌을 것이다. 하지만 종교와 과학 모두 결점을 가지고 있다. 중요한 것은 누군가가 만물을 창조하는 과정을 듣지 않고도, 습지생물에서 인간으로 진화하는 모습을 보지 않고도 '지금 이 순간'을 살아갈 수 있다는 사실이다. 과거의 사실에 집착할 필요가 없다.

톨스토이는 "현재에 집중하라"고 말했다. 우리는 시간을 과거와 현재, 미래로 나눈다. 그러나 현실 속에서는 현재라는 아주 짧은 순간, 즉 지금만이 존재한다. 그리고 그 순간이야말로 인생 전체를 집약해 준다.

프랑스에는 "행복한 사람들은 역사를 만들지 않는다"는 속담이 있다. 적당한 불안과 현재에 대한 불만족인 인간의 성장을 돕는다는 것이다. 안정과 만족이란 말은 분명 행복이란 말로 치환될 수 있지만 어쩌면 우리의 생애는 안정과 만족 외에도 필요한 것이 많을지도 모른다. 즉 현재에 대한 불만족과 불안으로 노력과 인내가 생기고 그것의 열매인 크고 작은 성취를 통해 기쁨과 즐거움을 느낄 수 있다. 그럼에도 우리는 무조건 행복과 만족만 있으면 된다는 생각에 빠져 있다. 게다가 어딘가에 분명 완벽한 행복을 손에 넣을 수 있는 인생 설명서가 있다고 믿는다. 이때부터 우리는 행복이 아니라 인생 사용설명서라는 존재 자체도 불투명하고 설사 존재한다고 해도 그것이 정답인지도 모르는 것을 찾아 헤매기 시작한다. 과연 이런 인생을 제대로 굴러가고 있다고 할 수 있을까?

나는 설명서 따위는 신경도 쓰지 않는 사람이다. 설명서라는 게 필요한 경우는 아무리 곰곰이 생각해도 프라모델을 조립할 때 정도다.

설명서를 읽지 않았지만 지금껏 내 인생에는 큰 문제가 없었다. 이케아 가구? 잘못 조립해 분노의 망치질을 하거나 나도 모르게 입 밖으로 욕이 튀어나오기도 하지만, 결국에는 조립을 해낸다. 선반이 기우뚱하고 절대 남아서는 안 되는 나사와 육각 렌치가 바닥에 나뒹굴기도 하지만 그러면 어떤가? 나와 우리 가족은 별 탈 없이 사용하고 있다. 그러다 고장이 나면 다시 구매해 조립하면 그만이다.

처음 아이폰을 받았을 때도 나는 설명서는 한쪽으로 치워두고 가장 먼저 뚱뚱한 손가락으로 이리저리 버튼을 눌렀다. 아무것도 모르고 이것저것 누르니 경고 메시지가 뜨거나 뭔지 모르는 화면으로 넘어가기도 했다. 하지만 당황하지 않았다. 이런 시행착오를 거치다

보면 대개 사용법을 숙지하게 된다. 이것이 내 방식이다.

언젠가 집에서 쓰던 낡은 토스터가 고장 났다. 결혼 선물로 받은 것이라 나는 그때까지 직접 토스터를 구입해 본 적이 없었다. 이번 기회에 멋진 토스터를 장만하자는 생각에 그 즉시 쇼핑센터로 갔다. 마침 새해를 맞이한 세일이 한창이었다. 4장의 식빵을 한꺼번에 구울 수 있는 토스터 가격이 15파운드밖에 하지 않았다. 색상도 내가 원하던 은색으로 번쩍번쩍 빛나고 있었다. '저 정도면 우리 집 주방에 놓아도 손색이 없군' 하는 만족과 함께 조금의 망설임도 없이 구매했다.

집으로 돌아와 상자를 열었다. 낡고 고장 난 초록색 토스터와 달리 그것은 아름답고 늠름했다. 윤기가 흐르는 표면과 공기 역학적으로 보이는 곡선에 저절로 미소 지었다. 당장 우리의 새 식구를 사용해 보고 싶었다. 그때 설명서가 눈에 띄었다.

나는 토스트 굽는 법을 잘 알고 있었다. 게다가 내가 구입한 토스터는 버튼이 딱 두 개뿐이었다. 굽기 조절 버튼과 레버. 내가 원하는 상태의 굽기를 조절해 레버를 누르면 노릇노릇, 바삭바삭하게 빵이 구워져 나올 것이다. 이 외에 무슨 정보가 필요하겠는가?

하지만 이번만은 달랐다. 나는 설명서를 움켜쥐고 평소 가장 좋아하던 의자에 앉았다. 어쩌면 매끈한 은색 토스터에 마음을 빼앗긴 내가 설명서까지 품어주기로 마음먹은 것인지도 모른다. 어쨌든 그 순간에는 누군가 이 설명서를 만들기 위해 시간을 들였으니, 나도 읽어주기로 했다.

차분한 마음으로 설명서를 한 장씩 넘겼다. 설명서는 12개국 언어로 쓰여 있었다. 멋졌다. 나는 영어로 된 부분만 찾아 읽기로 했다. 4페이지까지는 건강과 안전에 관해 설명했다. 내용에 따르면 토스터는 매우 위험한 물건이었다. 일단 빵이 대단히 뜨겁기 때문에 모두 긴장을 늦춰서는 안 되는 것처럼 보였다. 그리고 토스터에 포크를 집어넣거나 욕조에 들어간 상태에서 토스터를 사용하면 큰일이 난다고 말했다. 실용적인 조언이긴 하지만 과연 나와 우리 가족이 토스터를 욕조에 들어가 사용할 일이 있을지 의문이었다. 여러 장을 넘기고 나서야 마침내 토스터 사용법을 설명해 놓은 부분을 찾을 수 있었다. 사용법은 다음과 같다.

1. 빵(또는 머핀, 베이글 등)을 집어넣는다.

2. 손잡이를 돌려 원하는 색깔에 맞춘다(흰색에서 검은색까지).

3. 레버를 아래로 내린다(앞서 언급했듯이 욕조 안에서 사용하면 안 된다).

4. 기다린다.

5. 토스트가 올라온다.

6. 꺼내서 버터를 바르고 먹는다.

누군가가 이 토스터 설명서를 12개국 언어를 사용해 심혈을 기울여 만들었을 것이다. 그런데 어떠한가? 읽고 나서 내가 새롭게 얻은 사실이라고는 절대로 욕조 안에서 토스터를 사용하면 안 된다는 것뿐이다. 아마도 제정신이 아닌 이상 내가 욕조에 들어가 토스터에 빵을 넣고 구울 일은 없을 것이다. 결국 열심히 사용설명서를 읽었지만 왠지 시간만 낭비한 것 같은 기분이 들었다.

설명서에 대해 이야기하다 보니 1995년 5월 12일이 생각난다. 날짜까지 또렷하게 기억하는 이유는 당시 내가 막 아빠가 되려던 참이었기 때문이다. 아내는 시립병원에서 진통을 겪고 있었다. 나는 아내의 이마를 쓰다듬고 있었는데, 이미 32시간이나 아내의 이마를 쓰다듬으며 힘을 내라고 말했지만 아이는 좀처럼 밖으로 나오려하지 않았다.

여러 의사들이 들어와 검사를 하고 상태를 지켜봤다. 하지만 아이가 태어날 기미는 보이지 않았다. 자궁이 7cm는 열려야 한다는데 아직이었다. 이미 오랜 시간 진통한 까닭에 기운이 빠진 아내를 위해 의사들이 분만촉진제를 놔주었지만 별다른 변화가 없었다. 그러다 갑자기 아내의 발목이 부어오르기 시작했다. 결국 10분도 지나지 않아 제왕절개 수술을 하기로 했다. 휠체어에 실려 수술실로 옮겼다. 나는 초록색 수술복을 입고 아내를 따라 수술실에 들어갔다. 하반신 마취제를 맞은 아내는 허리 아래를 움직일 수 없었다. 외과 의사들이 앞으로 진행될 일을 설명하는 동안 나는 다시 아내의 이마를 쓰다듬으면서 무슨 일이 벌어지고 있는지 상황을 설명했다. 5분 후, 아주 작은 아기가 엄마 뱃속에서 나왔다.

다행히도 의사들은 전문가였다. 탯줄을 자르고 아기를 씻기더니 내 품에 안겨주었다. 나는 아빠가 되었다. 예정일보다 6주나 전에 말이다! 의사와 간호사가 나에게 축하 인사를 건넸다. 그러고는 나와 아직 눈도 뜨지 못한 아기를 내버려둔 채 다시 발목이 퉁퉁 부은 아내를 살피기 시작했다. 그리고 바늘을 찌르고 실로 꿰매는 작업을 했다.

문자 그대로 나는 아기를 안고 가만히 서 있었다. 아직 이름도 없는 2kg 아기였다. 아빠와 딸이 처음 만나는 순간은 정말 감동 그 자체였다. 나는 아이를 사랑스럽게 바라보았다. 작은 입술이 꼬물거리며 엄마 젖을 찾았고 마침내 눈을 떠 나를 바라봤다. 대견스럽게도 울지 않고 나를 쳐다보는 딸아이를 향해 "눈이 있어!"라고 소리쳤다. 곧이어 하얀 담요에 쌓인 채 살포시 내놓은 무척이나 작은 발가락이 눈에 들어왔다. "발도 있어, 발가락도 달렸다고!" 당시엔 아이의 모든 것이 신기했다. 눈에 보이는 것마다 놀랍다며 소리쳤다. 만일 지금 다시 그때로 돌아간다면 더욱 근사한 말을 해주고 싶다.

토스터와 딸아이 이야기를 털어놓은 이유는 우리 삶엔 설명서가 없다는 것을 말하고 싶어서다. 토스터는 12개국 언어로 안전에 대한 경고와 기계를 사용하는 방법을 알려주는 설명서가 있다. 하지만 실제로 우리가 사용하는 방법은 지극히 간단하다.

문제는 우리 인생이다. 언제 어떤 일이 벌어질지 아무도 모르는 복잡한 인생에 대해서는 어떠한 설명서도 없다. 방법은 오직 하나, 살아가면서 알아가는 것이다.

1995년 5월 11일의 나는 아빠가 아니었다.

1995년 5월 12일에 나는 아빠가 되었다.

갑자기 내 인생이 바뀌었다. 그것도 극적으로 말이다. 이걸 가리켜 '성장'이라고 부른다. 나에게는 전적으로 내게 의지하는 아주 작은 아기가 있다. 아이는 먹을 것을 먹으면서 무럭무럭 자란다. 어느

새 기어 다니면서 탐험을 시작하는가 하면, 말하고, 걷고, 뛰고, 자기 생각을 표현한다. 그런데 과연 누가 아이에게 생각하는 법을 가르쳐줬을까?

아무리 이마를 찌푸리고 턱을 만지작거리면서 생각해 봐도 답을 찾을 수는 없다. 왜냐하면 세상 어느 누구도 우리에게 생각하는 법을 가르쳐주지 않았기 때문이다. 당신을 앉혀놓고 "좋아, 지금부터 생각하는 방법을 배워보자. 이제부터 생각 레슨을 할 거야"라고 말해준 사람은 없다.

학교에 들어가면 읽기, 쓰기, 말하기, 수학, 과학, 체육, 영어, 지리 등 많은 것을 배운다. 배운 것은 반드시 시험을 통해 평가 받는

다. 시험은 문제의 답을 찾는 과정이다. 답을 얻으려면 생각을 해야 하지만 '생각하는 법'은 배운 적이 없다. 결국 우리는 자라면서 수많은 것들을 머릿속에 억지로 쑤셔 넣었지만, 정작 가장 중요한 머릿속 생각은 무엇인지 제대로 알지 못한다.

생각하라고 가르쳐준 사람이 아무도 없다면 생각은 도대체 어디에서 온 것일까? 우리가 생각하는 법을 터득하게 된 진실은 꽤 단순하다.

생각은 당신이 만들어낸 것이다. 알게 모르게 생각하는 법을 서서히 터득했다. 어렸을 때는 부모와 보호자가 당신에게 주입한 사고방식이 있었을 것이다. 그러다 학교에 가고 같은 반에서 공부하는 친구들을 만난다. 그런데 그 친구들 또한 나름의 사고방식을 가지고 있다.

집단에 속하고 싶었던 당신은 다른 사람들이 하는 대로 따라했다. 친구들 역시 당신과 마찬가지로 스스로 생각을 만들어내고 있다는 사실을 모른 채 누군가를 따라했다. 학교에서 만난 선생님도 자신의 사고방식을 당신과 친구들에게 전달했다. 사실 선생님도 스스로 생각을 만들어내는 것은 마찬가지다. 비록 학생들보다 조금 더 경험이 풍부하다는 유리한 점이 있긴 하지만 말이다.

결국 당신은 부모님과 친구들, 선생님, 친척 등 자신을 둘러싼 주변 사람들의 영향을 받아 그것을 잘 뭉치고 반죽해 당신만의 생각을 만들어낸다. 당신에게 영향력을 전하는 사람들 역시 그들을 둘러싼 사람들로부터 영향을 받았다. 그리고 당신 역시 친구들이나 자녀들이 생각을 만들어내는 데 영향을 주고 있다. 즉 생각은 서로의 삶을 주고받는 과정에서 만들어진다. 그리고 이러한 생각이 모여 당신의 인생을 이룬다.

따라서 저마다 자라온 환경에 따라 각기 다른 생각을 만들어내는 사람들이 모여 사는 이 세상에 마치 매뉴얼처럼 정해진 인생 사용설명서는 존재할 수 없다. 설사 존재한다고 해도 마치 나의 토스터기 설명서처럼 얻을 수 있는 것은 아무것도 없다.

스스로 빛나게 하는 멋진 인생이란 나도 모르는 새 만들어가는 것이다. 그리고 그것은 특별한 이유나 방법이 필요하지 않다. 인생은 방법을 '구하는 것'이 아니라 '만들어내는 것, 알아차리는 것'이다. 누구나 인생을 멋지게 사는 것은 아니다. 지루한 일상을 불행하게 여기거나, 뭔가 나를 행복하다고 느끼게 해줄 만한 것이 있어야 한다는 강박관념을 가질 필요도 없다. 행복하기를 바란다면 오히려 갈팡질팡하는 시간을 잘 견딜 수 있어야 한다. 그러는 사이 멋진 인생, 행복한 인생을 사는 법을 가렸던 구름이 걷히고 나만의 인생을 꾸려나가는 방법이 보일 것이다.

이제껏 아무도 나에게 생각하라고 가르쳐주지 않았다. 그렇다면 내가 했던 모든 생각을 떠올려보자. 그리고 이 세상 모든 사람들이 했던 생각을 염두에 두고 다음 질문을 고민해 보자. 만일 그동안 내가 만들어낸 생각이 모두 틀린 것이라면 어떻게 해야 할까?

모두 틀리지는 않았더라도 한두 군데라도 잘못된 부분이 있다면 나는 당신에게 축하한다고 말하고 싶다. 당신이 '자신만의 인생 사용설명서'를 만들어나가는 출발점이 되기 때문이다. 누구나 활용할 수 있는 인생 설명서는 없다. 하지만 나만이 사용할 수 있는 인생 설명서는 있다. 내가 만들면 된다. 나의 잘못된 생각을 바로잡고 부정적 사고의 틀을 깰 수 있다면 말이다. 나에게 힘을 주는 생각, 수많은 사람들 사이에서 나를 돋보이게 만들어주는 생각, 그리고 인생을 바꿔줄 좋은 습관들만 있으면 된다.

앞으로 나올 내용을 통해 우리는 마음에 대한 간단한 설명서를 제공할 것이다. 이것이 곧 나의 인생 사용설명서가 된다. 그다음에는 '긍정심리학'으로 초점을 돌려 즐겁고 행복한 기분을 유지하는 습관을 알려줄 것이다. 매우 단순하면서도 꼭 필요한 것들이다. 아마도 이 책을 읽을수록 당신의 정신력이 업데이트 될 것이다.

지금까지 내가 살아온 인생에 대해 잠시 생각해 보자. 내 인생에 가장 큰 영향을 준 것은 무엇일까?

1. 인생에서 가장 중요한 사건을 적어보자.

____

____

____

____

____

2. 내 생각을 만드는 데 중요한 역할을 했던 사람은 누구인가?

____

____

____

____

____

____

3. 내가 만족하는 성과란 어떤 것인가?

____

____

____

____

____

4. 나에게 영향을 준 '불행한' 경험은 무엇인가?

____

____

____

____

____

5. 내 인생에 관해서 좋았다고 느끼는 점들을 적어라.

____

____

____

____

6. 지금 하는 일을 왜 하는지 생각해 보자. 그리고 내가 가장 좋아하는 일은 무엇인가('퇴근'이라고 쓰면 안 된다)?

____

____

____

____

7. 나에게 '성공'이란 무엇인가?

____

____

____

____

8. 오랜 세월을 산 사람들은 자신이 한 일보다 하지 않은 일에 더 많이 후회한다고 말한다. 이에 대해 어떻게 생각하는가?

____

____

____

9. 인생을 통해 배운 가장 중요한 것은 무엇인가?

10. 죽기 전에 하고 싶은 일 20가지는 무엇인가?

Chapter 6

행복이 따라올
시간을 주어라

밥은 너무 바쁜 나머지
허겁지겁 살 수밖에 없었다.

다음 주에는 스트레스 넘치는 위기 상태를 맞이할 리 없다.
할 일이 태산이기 때문이다.

헨리 키싱어*Henry Kissinger*

당신은 인생을 허겁지겁 살아가고 있는가, 아니면 천천히 여유롭게 살아가고 있는가? 아마 대부분의 사람들이 어쩔 수 없이 '허겁지겁'이라고 말할 것이다. 세상은 바쁘지 않으면 우리를 능력이 없거나 하찮은 존재로 여기기 때문이다. 그래서 우리는 스스로 바쁘고 정신없는, 그래서 지치는 삶을 선택하고 있다.

1980년대 후반 내가 경제학 수업에서 'A'를 받았을 때만 해도 2000년이 되면 우리 모두 여유로운 삶을 즐길 수 있다고 배웠다. 일은 로봇이 대신하고 사람들은 한가롭게 취미생활을 즐기기만 하면 될 것이라고 말이다. 그리하여 스포츠나 여행 등의 산업이 급격히 발전할 것이라는 예측도 했다. 넘치는 돈과 시간이 곧 미래의 축복이라고 꿈꾼 것이다.

하지만 지금 주위를 둘러보자. 멋진 미래를 꿈꿨던 대부분의 사람들은 일하는 시간이 짧아진 것이 아니라, 오히려 더 길어졌다고 말한다. 삶도 여유로워지기는커녕 더욱 바쁘고 정신없는 생활만 계속된다.

그런데 이상한 것은 30년 전에 예측한 대로 우리의 많은 일을 기계나 로봇이 대신해 주고 있다는 사실이다. 예전에는 일일이 손으로 적어 편지를 보내느라 며칠이 걸렸던 일이 지금은 문자와 이메일만 사용하면 금세 해결할 수 있다. 궁금한 것도 인터넷에 접속해 손가락만 놀리면 즉시 정보의 세계로 들어설 수 있다. 게다가 패스트푸드에 전자레인지만 있으면 재빨리 먹을 수 있는 음식들까지…. 우리의 시간을 빼앗아 가던 일을 대신해 주는 발명품이 가득하다.

내 아내의 크리스마스 선물 목록 1순위는 '10초 주전자'다. 주전자에 물을 넣고 버튼을 누른 다음 10초만 기다리면 뜨거운 차를 마실 수 있단다. 차 한 잔을 마셔도 기다릴 필요가 없는 세상이다. 그런데 가만히 생각해 보면 차를 마시는 시간이 존재하는 이유가 물이 끓고 찻잎이 우러날 동안 차분히 생각을 정리하거나, 담소를 나누며 상대방과 교감하기 위해서라는 사실을 아내는 잊고 있는 것 같다. 그럴 때면 예전에 책에서 읽었던 이야기를 떠올리며 마음을 다잡는다.

19세기에 백인 탐험가가 아프리카의 문명을 찾아 떠났다. 밀림을 뚫고 목적지를 향해 가면서 그는 짐을 운반해 줄 세 사람의 원주민을 고용했다. 많은 짐이 있었고 길 안내도 받아야 했기 때문이다.

하루라도 빨리 성과를 내고 싶었던 탐험가는 사흘 동안 쉬지 않고 목적지를 향해 나아갔다. 그런데 나흘째 되던 날, 원주민들이 바닥에 주저앉아 꼼짝도 하지 않았다. 잘 가던 짐꾼들이 움직이려고 하지 않자 탐험가는 화를 냈다. 예정된 날짜에 도착하지 않으면 큰일 난다며 윽박질렀다. 그래도 원주민들이 꼼짝하지 않자 이번에는 방법을 바꿔 애원하기도 했다. 하지만 그들은 요지부동이었다.

시간이 계속 흐르는 것을 견딜 수 없던 탐험가는 자신과 가장 많은 말을 나눴던 원주민을 따로 불러 더이상 길을 떠나려 하지 않는 이유를 물었다. 그러자 원주민이 대답했다.

"우리는 사흘 동안 너무 빨리 왔다. 이제 우리의 영혼이 따라올 시간이 필요하다."

사흘 동안 쫓기듯 쉼 없이 왔기 때문에 몸과 영혼이 분리되었고, 잃어버린 영혼이 자신들을 따라올 시간을 주기 위해 천천히 기다려야 한다는 것이다. 탐험가가 이끄는 대로 허둥대며 앞만 보고 쫓기듯 길을 해쳐온 나머지 영혼이 따라올 충분한 시간을 주지 못했다며 영혼을 기다리는 중이라고 말했다.

이는 수많은 경쟁에 쫓겨 속도와 효율만 내세우다 영혼을 잃어버린 우리들의 모습을 대변한다. 대부분의 사람들은 행복을 '앞으로 이룰 목표'로 여긴다. 그리고 그 행복을 위해 지금 열심히 싸우면서 바쁜 상황을 이겨야 한다고 생각한다. 하지만 행복은 바로 지금이 아니면 맛볼 수 없는 것이다. 우리는 그것도 모른 채 바쁘게 사는 삶이라는 엉뚱한 곳에서 해답을 찾고 있다. 진정 가치 있는 삶은 얼마나 많은 승리를 차지하느냐가 아니라, 경쟁의 고통에서 얼마나 자유로운가에 있다. 결국은 즐겁게 사는 것이 이기는 것이다. 그러니 당신이 세상에 태어난 이유를 맘껏 즐겨라. 이보다 중요한 것은 없다.

혹시 제한속도 시속 100km인 구간에서 140km나 150km로 과속해 본 경험이 있는가? 적절한 속도를 지키지 못한 자동차는 필요 이상으로 연료를 많이 소모한다. 자칫 사고의 위험도 훨씬 커진다. 속도란 그런 것이다. 매우 냉혹하고 비인간적이다. 이는 우리의 영혼이 제대로 따라오지 못한 상태와 같다.

아프리카 원주민의 표현대로 모든 일에 영혼이 따르지 않으면 불행해진다. 우리는 행복하기 위해 살아간다. 불행하기 위해 사는 사람은 아무도 없다. 행복이란 온갖 생각을 내려놓고 세상의 아름다움과 내면의 목소리를 찾아 나설 때 움튼다.

일상생활에서도 여유가 없는 우리네 삶은 마치 주변 사람들이 바쁘면 나도 따라서 바빠야 할 것 같은 전염병에 걸린 모습이다. 나무가 봄이 되면 새싹을 틔우는 것은 새로운 시작을 준비할 수 있는 겨울의 고요함이 있기 때문이다. 진정한 행복은 다음에 이루어야 할 목표가 아니다.

열대지방에 가면 야자수 그늘에 누워 바닷바람을 맞으며 시간을 보내는 원주민들을 볼 수 있다. 바쁘기만 한 사람에겐 시간을 흘려버리는 것처럼 보이지만 그들에겐 무엇보다 소중한 시간을 사용하는 것이다. 어쩌면 우리보다 그들의 영혼이 더 충만하고 풍성할지도 모르겠다.

빛나는 인생을 위해 우리가 해야 할 일은 잠시 잊는 것, 내일 걱정은 내일에게 맡겨두고 나를 멈추는 것이다. 그 순간만큼은 그 어떤 것도 필요 없다. 다만 느리게 호흡하고 천천히 마음을 가다듬으면 된다. 그러다 보면 어느새 나를 감싸던 불안이란 녀석은 공기 중에 흩어지고 나의 몸과 마음은 조용히 지금 내가 느낄 수 있는 행복을 깨닫기 시작한다. 바쁘게 뛰어가는 우리에겐 지금 멈추지 않으면 놓치는 것들이 너무나 많다.

나 역시 '바쁨'이라는 전염병에 걸려 호되게 고생했던 경험이 있다. 오래전 짧은 동화 한 편을 써주지 않겠느냐는 제안을 받았다. 동화라는 말에 나와는 어울리지 않는다며 거절했는데, 기존의 동화책과는 전혀 다른 이야기라며 담당자가 나를 다시 설득했다.

그들이 생각한 동화는 아이들에게 동화책 한 권을 모두 읽어줄 시간이 없는 바쁜 부모들을 위한 것이었다. 모든 이야기가 매우 짧고 간결한 것으로, 아이들이 잠들기 전 딱 1분만 투자하면 한 편의 동화를 들려줄 수 있다고 했다. 나는 훌륭한 아이디어라며 입이 마르도록 칭찬했다. 그리고 그 자리에서 나도 한 편의 동화를 써주기로 했다.

지금 생각해 보니 나 자신이 그런 일을 했다는 것이 수치스럽고 부끄러울 따름이다. 사실 그 이야기를 듣자마자 '이제 아이를 재우기 위해 책을 읽어주는 일이 빨리 끝날 수 있겠구나!' 하는 생각이

들었다. 당시 아이를 재우기 위해 책을 읽어주는 일상은 나에게 따분하고 지루한 것이었다. 밤마다 다음날 있을 강연 준비나 함께 일하는 파트너와 아이디어를 주고받고, 정리하느라 이메일을 쓸 시간도 모자랐다. 그런데 아들 올리는 잠들기 전에 항상 나에게 책을 읽어달라며 졸랐다. 그러면 나는 아들의 침대맡에 걸터앉아 순식간에 책 읽기를 끝내버렸다. 어떻게든 빨리 읽고 얼른 다시 이메일을 쓰고 싶었기 때문이다.

동화책을 읽어주면서도 무슨 내용인지 관심은커녕 그저 읽고 치워버리려고만 했다. 때로는 빨리 끝내려고 몇 페이지씩 그냥 넘길 때도 있었다. 문제는 올리가 똑똑한 아이라 내가 빼먹고 읽지 않은 부분을 금방 알아차린다는 것이다. 그러면 아이는 곧바로 내게 어느 부분을 읽지 않았다고 지적했다. 나는 다 읽었다고 우겼다. 결국 그렇게 우리는 말다툼을 시작한다. 아이는 아빠가 책을 제대로 읽어주길 바라고 나는 빨리 읽어 버리려고만 했다. 그러니 아이를 재우기 위해 동화책을 읽어주는 일이 얼마나 짜증스럽겠는가! 그건 나의 저녁 시간을 방해하는 불만스러운 집안일에 불과했다.

그러나 생각을 바꾸자 이 문제는 금세 해결되었다. 예전의 나는 동화책 읽어주는 일을 '해야 할 일'로 여겼다. 하루를 마치기 위해 반드시 해야 할 일상적인 일로 말이다. 그러니 평소 습관처럼 빨리 빨리 해결해 버리고 싶었다. 그 과정에서 아이와의 말다툼까지 벌어졌다.

그러던 것이 아이의 침대맡에서 동화책을 읽어주는 일을 하루 일과를 마친 나에게 주어지는 보상처럼 여기기로 하자 모든 것이 변했다. 나에게 주어진 보상을 되도록 천천히 즐기고 싶어진 것이다. 그러자 '세상에서 가장 좋은 아빠는 아이에게 동화책을 어떻게 읽어줄까?'라는 생각으로 뻗었다. 얼마나 빨리 끝내고 다시 1층으로 내려가 내 일을 할 수 있는지를 '성공'의 기준으로 삼는 것이 아니라, 아이가 이야기 속에 얼마나 빨려드는 지를 가장 중요한 핵심으로 바꾼 결과다. 작은 생각의 변화로 인해 아이의 잠자리에서 동화책을 읽어주는 일은 나에게 기쁨이 되었다.

우리의 행복을 빼앗아 가는 범인이 무조건 빨리 달리려고만 하는 '속도'라면, 무조건 많이 알고 얻으려고만 하는 '양'은 공범이라 할 수 있다. 우리는 너무 많은 것을 원하는 까닭에 정작 가장 중요한 행복을 놓쳐버리곤 한다.

"천천히 조급하지 않게 걷는 자에게 있어 지나치게 먼 길은 없다. 끈기 있게 준비하는 자에게 있어 지나치게 먼 이득은 없다."

—라 브뤼에르La Bruyere

생물학적 차원에서 보면 인간은 거름망과 같다. 정보를 받아들이고 처리하는 것, 그게 우리가 하는 전부다. 우리는 세상을 이해하고자 하는 타고난 열망을 가지고 있다. 따라서 원하는 정보만 처리하고 나머지는 버린다. 매 순간 200만 개의 정보가 우리를 향해 달려든다. 우리의 오감(시각, 청각, 촉각, 미각, 후각)은 이들 정보를 흡수하는 역할을 한다. 하지만 우리의 감각을 자극하는 모든 데이터를 전부 다 처리해야 한다면 과부하에 걸리고 만다.

지금 이 순간에도 수많은 정보들이 우리의 감각들로부터 인식이라는 영광의 순간을 맞이하기 위해 서로 겨루고 있다. 우리의 신경체계는 그런 정보의 아주 작은 일부분만 처리해 받아들인다. 따라서 우리 주변에서 벌어지는 수많은 일들이 걸러진다. 인간을 거름망이라 표현한 이유가 여기에 있다.

예를 들어 많은 사람들이 나를 향해 200개의 빨대를 던진다고 하자. 그것을 모두 잡는 것은 불가능하다. 그중에서 가장 잡기 쉬운 것, 가장 잡고 싶은 것 등 내가 잡을 수 있는 테두리 안에서 선별해 빨대를 잡을 것이다. 우리의 신경체계도 마찬가지로 작동한다. 즉 과부하에 걸리지 않기 위해 몇 가지 필터를 통해 정보를 걸러낸다. 우리가 머릿속에 장착된 필터는 바로 '삭제', '왜곡', '일반화'다.

1. 삭제

삭제는 우리 신경체계가 관련이 없다고 생각하는 정보를 무시하는 것이다. 다음 문장을 읽어보자.

Paris in the

the Spring

이 문장을 다시 한 번 잘 살펴봐라. 아직 눈치채지 못했는가? 'the'가 두 번 적혀 있다. 그러나 문장을 이해하기 위해 우리 뇌는 자동적으로 하나의 'the'를 삭제해버린다. 당신의 뇌가 당신을 대신해 일을 처리한 것이다.

이번에는 다른 문장을 읽어보자. 꽤 재미있으니 옆 사람과 함께 시험해도 좋다. 다음 문장 속에 F가 몇 개 들어있을까?

FINISHED FILES ARE THE RESULT OF YEARS OF SCIENTIFIC STUDY COMBINED WITH THE EXPERIENCE OF MANY YEARS OF EXPERTS

몇 개인가?

대부분의 사람들은 이 문장에 F가 3개 또는 4개밖에 없다고 대답한다. 하지만 정답은 7개다. 찬찬히 다시 한 번 F의 개수를 세어보기 바란다.

당신의 머릿속에서 벌어진 '삭제'라는 활동은 우리 인식을 향해 몰려드는 불필요한 정보 대부분을 버린다. 문제는 많은 사람들이 버리지 않아야 할 것까지 버린다는 것이다.

예를 들어보자. 12월 22일 나는 마트에서 계산하기 위해 줄을 서고 있었다. 창밖으로 아름다운 파란 하늘이 보이는 아주 좋은 날씨였다. 반팔을 입어야 할 정도로 따뜻했다. 크리스마스가 며칠 남지 않았음에도 12월이라기보다는 5월처럼 느껴졌다. 내가 사는 영국에서 앞으로 이보다 더 좋은 12월 날씨는 없을 것이라는 생각이 들었다.

때마침 계산하는 직원이 내 앞에 서 있는 여자가 고른 고양이 사료 가격을 스캔하면서 지나가는 말투로 그녀에게 말했다.

"오늘 날씨 정말 좋지 않아요?"

그러자 여자 손님은 초조한 얼굴로 이렇게 대답했다.

"좋은가요? 내 눈에는 그저 기분 나쁜 하늘만 보이는군요."

나는 너무 놀란 나머지 그녀에게 정녕 저 푸른 하늘이 보이지 않느냐고 반문할 뻔했다. 불쌍한 그녀는 화창한 날씨와 뽀송뽀송한 기분을 스스로 삭제해 버린 것이 틀림없다. 좋은 날씨를 의식적으로 알아차리지 못할 정도로 부정적인 것에만 집중한 탓이다. 어느새 그녀의 마음은 좋은 것은 삭제하고 나쁜 것만 받아들이는 상황에 이르고 말았다.

그녀는 단지 나쁜 날씨만 받아들이지 않았을 것이다. 교통체증에도 그녀의 인식은 열려 있을 것이다. 웃는 얼굴로 자신을 스쳐 지나가는 사람에게선 비웃음이라는 단어를 떠올렸을 것이다. 집에 돌아가자마자 고양이를 보고 '나는 오늘처럼 날씨도 안 좋고 자동차까지 막히는 날 네 먹이를 사러 나갔다 왔어. 지금 내 기분이 나쁜 건 모두 너 때문이야'라고 생각했을 것이다.

짧은 예를 하나 더 들어보자. 지난주에 개최한 워크숍은 대단히 성공적이었다. 40명의 참석자 가운데 39명이 '훌륭한 워크숍'이라고 평가했다. '좋은 워크숍'에 표시한 사람은 단 한 사람뿐이었다. 하지만 나는 집에 오는 내내 '좋은 워크숍'에만 집중한 채 그 한 사람을 저주하고 욕했다. 내 마음이 나머지 39개의 '훌륭한 워크숍'이라는 평가를 삭제해 버린 것이다.

2. 왜곡

우리가 가진 두 번째 필터는 '왜곡'이다. 왜곡은 세상에 대한 우리의 관점에 데이터를 끼워 맞출 때 발생한다. 어떤 이야기를 절반만 들어도 나머지는 우리가 생각하는 대로 마음이 자동으로 채워주는 것이다.

예를 들어 마트에서 계산을 하기 위해 기다리는 와중에도 우리는 다른 사람의 카트를 보고 그 사람에 대해 추측한다. 카트에 놓인 몇 가지 물건과 우리 마음속에 준비된 이야기를 가지고 문자 그대로 만들어내는 것이다.

'1인용 인스턴트 스파게티라. 게다가 초콜릿 한 상자까지. 모두 외로울 때 먹는 음식이군. 아 이런, 불쌍한 싱글족이네.'

이렇게 생각했지만 사실은 그녀의 남편이 출장을 가서 오랜만에 혼자 조용히 좋아하는 영화를 보면서 인스턴트 스파게티를 먹으면서 설거지와 밥을 동시에 해결하려는 것일지도 모른다. 게다가 영화에서 가장 좋아하는 장면에서는 초콜릿을 먹는다면 그녀는 누구보다 행복한 하루를 보낼 것이다. 하지만 우리가 가진 왜곡이라는 필터가 진실을 제대로 바라보지 못했다.

자, 그럼 당신의 왜곡 필터는 얼마나 강한지 확인해 보자.

다음 문제의 답은 무엇일까?

'모세가 방주에 실은 동물은 한 종당 몇 마리였을까?'

정말 간단한 문제 아닌가? 대부분의 사람들은 자신이 원하는 답을 위해 의미를 부여한다. 그렇기 때문에 문제를 읽는 즉시 답을 안다고 생각한다. 하지만 그 과정에서 이 문장은 왜곡된다. 사람들은 아마도 '두 마리'라고 대답할 것이다. 하지만 틀렸다. 정답은 '한 마리도 싣지 않았다'이다. 모세는 홍해를 가르고 있었기 때문에 방주 속에 동물을 싣지 않았다. 방주에 두 마리씩 동물을 실은 사람은 노아다.

다음에 등장하는 그림은 라덱 오소프스키Radek Ossowski의 작품이다. 작품명은 〈생명의 나무〉다. 그림을 자세히 살펴보고 착시현상을 찾아보자.

그렇다, 그림 속에 아기가 들어 있다.

이런 식으로 어느 광고회사는 책을 교환해서 볼 수 있는 북 익스체인지Book Exchange 서비스를 홍보하기 위해 기발한 이미지를 만들어냈다. 아래의 그림이 그것이다.

라덱 오소프스키의 허가를 받고 실은 그림.

여기에 '하나의 이야기를 들고 와서 다른 이야기를 가지고 가라'는 그럴듯한 카피까지 곁들였다. 과연 아래 그림이 나타내는 책들이 무엇인지 알 수 있겠는가?

그렇다, 그림 속에는 머리띠를 한 '백설공주'와 파이프를 입에 문 '셜록 홈스'가 함께 있다.

이들 그림은 모두 하나 이상의 의미로 해석할 수 있다. 하지만 우리의 신경체계는 그 순간 무엇에 집

광고회사의 허가를 받고 실은 그림.

중했느냐에 따라 정보를 왜곡한다. 밤늦은 시각에 혼자 집에 있는 상상을 해보자. 밖은 어두운데다 비까지 주룩주룩 내리고 있다. 바람이 나무를 흔들고 빗방울이 창문을 때린다. 지금 당신은 공포영화 〈나이트메어〉를 보고 있다. 피가 철철 흐르는 커다랗고 날카로운 손으로 프레디가 주인공을 두 동강 내려고 하는 장면이 나오는 순간! 밖에서 누군가 발을 질질 끌며 당신의 현관을 향해 다가오는 것 같은 소리가 들린다. 그때 당신이 들은 발걸음 소리는 누구의 것일까? 아마 생각할 겨를도 없이 공포에 떨며 TV를 꺼버렸을지도 모르겠다.

하지만 같은 상황에서 월트 디즈니 영화를 보고 있다면 발걸음 소리는 전혀 다르게 들릴 것이다. 중요한 것은 그 순간 우리가 무엇에 집중하느냐에 따라 자신의 신경체계 속으로 들어오는 외부 정보가 왜곡된다는 것이다. 때문에 같은 상황 속에서도 전혀 다른 두 가지 시나리오를 상상하게 된다.

상대방에게 무언가를 말했는데 상대방이 전혀 다른 식으로 이해했다거나 누군가에게 무엇을 하라고 지시했는데 자신이 원하는 것과 정반대의 것을 하는 모습을 본 경험은 누구에게나 있을 것이다. 언젠가 나는 아내에게 '사랑한다'는 말의 의미는 함께 시간을 보내고 서로의 품에 안겨 우리의 미래를 그려나가는 것이라고 말했다. 그런데 아내는 내가 잔디를 깎고 선반을 정리하고 주말에 마트에서 장을 봐주는 것이 사랑이라고 의미를 왜곡했다.

3. 일반화

　외부의 정보를 이해하는 데 이용하는 세 번째이자 마지막 필터는 일반화다. 일반화는 학습에 도움이 된다. 무언가를 배우거나 경험하면 우리는 그것을 일반화시키는 경향이 있다. 일반화는 매번 같은 것을 다시 배우지 않아도 된다는 점에서 대단히 유용하다. 일반화하지 않으면 항상 모든 것을 새롭게 인식해야 하기 때문이다.

　예를 들어 자동차를 운전하는 방식이 같다는 것을 일반화하지 않으면 다른 차를 운전할 때마다 운전을 새로 배워야 할 것이다. 새 자동차를 운전해야 하는데 방향지시등과 와이퍼를 조정하는 버튼이 다른 곳에 있다면 익숙해지기까지 시간이 걸릴 것이다. 코너를 돌기 전에 방향지시등을 켜고 싶은데 와이퍼가 작동한다면 지금껏 지켜온 일반화가 깨지는 동시에 사고의 위험에 노출된다.

　우리가 일반화하는 방법을 입증해 주는 실험을 살펴보자. 100명의 학생에게 그저 문만 열면 된다는 지시를 한다. 학생들은 문이 반드시 열릴 것이라고 들었다. 정말 단순한 실험이다. 하지만 이 실험의 함정은 문고리와 경첩을 같은 쪽에 달아놓은 것이다. 따라서 문고리가 달린 쪽의 반대편을 밀어야만 문이 열린다. 그렇다고 문을 여는 것이 그렇게 어려운 것도 아니다. 그럼에도 실험결과는 놀라웠다. 100명의 학생 가운데 고정관념을 깨고 문을 연 사람이 단 한 사람도 없었다!

일반화에 대해 좀 더 살펴보자. 일반화는 좋지 않은 경험(어린 시절의 경험일수록 그 효과가 더 크다)을 했을 때 주로 나타난다. 예를 들어 어른 원숭이가 뱀에 물려 깜짝 놀라는 모습을 본 새끼 원숭이들은 뱀과 비슷한 형체만 봐도 독이 있는 뱀이라 생각해 두려움에 떤다.

이보다 더 쉽게 볼 수 있는 일반화는 남자에게 배신당한 여자가 "남자들은 모두 쓰레기야. 난 그들을 믿지 않아"라고 말하는 것이다. 단 한 번의 나쁜 경험이 남자 전체를 나쁜 사람으로 몰아가는 일반화를 가져온다.

무서운 것은 일반화가 우리 삶을 단순화시키는 데 이용된다는 사실이다.

딘은 멘사 테스트를 받고 싶지 않았나 보다.

'요즘 애들은 버릇이 없어.'

정말 모두 다 버릇이 없을까?

'8월은 날씨가 나쁘기 때문에 다른 나라로 휴가를 떠나기로 했어요.'

8월 내내 매일 같이 날씨가 나쁘다면 정말 놀라운 일이다.

'내 얘기를 들어주는 사람은 아무도 없어.'

정말 평생 단 한 사람도 없었을까?

'정치인들은 모두 부정부패를 일삼지.'

이 말은 일반화라고 하고 싶지 않지만 그래도 어딘가에 청렴결백한 정치인이 있을 것이라 믿고 싶다.

이렇게 우리의 상황을 단순화시키는 일반화는 안 좋은 경험에 대해서는 스스로를 보호할 수 있는 벽을 세워준다. 하지만 그 벽은 우리에게 한계를 부여하기도 한다. 수없이 세워놓은 벽으로 인해 우리는 마음껏 즐기면서 사는 인생을 경험하지 못하는 셈이다.

우리 머릿속의 필터는 패닝접시와 같다. 마치 사금砂金을 채취하기 위해 흙을 퍼낸 뒤 패닝접시라 불리는 둥근 판에 담아 물속에서 몇 차례 흔드는 것이다. 그러고 나면 모래는 흘러가고 작은 금만 남을 것이라는 기대로 열심히 접시를 흔들지만, 우리 뇌는 주변 세상을 자동으로 삭제하고 왜곡하고 일반화시켜 나만 이해할 수 있도록 만든다. 자칫하다가는 금덩어리는 골라버리고 햇빛에 반사돼 반짝반짝 빛나는 돌만 남을 수도 있다.

우리에게 주어진 숙제는 돌보다는 금을 골라야 한다는 것이다. 이를 위해서는 세 가지 필터를 거칠 때마다 스스로 상황을 인식하고 늘 자각하도록 노력해야 한다. 세상을 새롭게 경험하고 바라볼 수 있다면 분명 돌이 아닌 금을 고를 가능성이 높다.

끝으로 다음 사례를 살펴보자. 직업상 우리는 일대일 코치를 하는 일이 많다. 여기에 등장하는 부부는 결혼 생활에 관해 상담도 받아봤지만 효과를 보지 못해 결국 우리를 찾아왔다. 결혼한 지 15년이 지나면서 이들 부부는 서로 소원해지기 시작했다. 우리는 '헤더'와 '믹'이 서로를 어떻게 느끼는지 이야기를 들어보았다. 사실 '믹'이 집을 나간 지 얼마 되지 않은 시점에 이루어진 상담이라 대단히 민감한 시기였다.

헤더의 이야기

'오늘 저녁 술집에서 만났을 때 믹의 기분이 안 좋아 보였어요. 평소보다 훨씬 말수가 적었거든요. 사실 좀 거리감이 느껴지기도 했어요. 남편 없이 지내는 시간이 정말 힘들었기 때문에 믹도 나를 보면 좋아할 것이라고 생각했거든요. 우리는 아무 말도 없이 술만 몇 잔 마셨죠. 내가 택시를 타고 믹의 아파트로 가자고 했어요. 술집에서 나가면 믹이 마음을 좀 열어주지 않을까 해서요. 택시를 타고 믹의 아파트로 가면서 나는 아직도 믹을 사랑한다고 말했어요.

그런데 그는 어땠는지 아세요? 아무 말도 하지 않는 것이에요. 내 어깨를 팔로 감싸 안기만 한 채 창밖만 바라보고 있었죠. 도대체 그게 무슨 뜻이에요? 남편은 제게 사랑한다는 말을 안 해요. 같이 살 때도 고작 두 번밖에 안 했죠. 어쨌든 믹의 아파트에 도착해서 소파에 앉아 얼싸안고 쓸데없는 토요일 밤 TV 프로그램을 봤죠. 나는 어떻게든 대화를 나누고 싶었는데 믹은 불평만 해대는 거예요. 항상 이런 식이에요! 그가 얼마나 말이 없는지 그동안 내가 깜빡했던 것이죠.

그래도 남편을 사랑해요. 15년이나 함께 살았는걸요. 그리고 아직 혼인한 상태잖아요. 그래서 남편이 키스하니까 나도 가만히 있었죠. 우리는 결국 잠자리까지 하게 되었는데 무슨 일이 있었는지 아세요? 끝나자마자 남편이 곯아떨어져 버린 거예요! 우리 관계는 이것으로 끝이라고 생각했죠. 이렇게 할 얘기가 많은 때에 잠이라뇨. 결국 나 혼자 울다가 잠들어 버렸어요.'

믹의 이야기

'헤더를 만나서 맥주를 마셨죠. 지쳤어요. 관계는 끝났지만 잠자리를 하긴 했어요.'

Chapter 7

우리는 모두 영웅이다

영웅이란 자신이 할 수 있는 일을 해낸 사람이다.

새로운 비스킷만 봐도 기막히다고 묘사하는 게 다반사인 요즘,
경외감을 느낄 필요가 있다는 말을 하기란 쉽지 않은 일이다.

알랭 드 보통_Alain De Botton_

1978년에 상영한 영화 〈슈퍼맨〉을 본 적 있는가? 슈퍼맨이라고 는 만화에서만 보던 나는 진짜 슈퍼맨을 볼 수 있다는 생각에 영화 가 개봉할 날만 기다렸다. 지금은 세상을 떠난 배우 크리스토퍼 리 브Christopher Reeve가 주인공이었다.

얼마나 영화를 보고 싶어했느냐 하면 '사람이 날 수 있다는 것을 믿 게 될 것이다!'하는 당시의 광고를 지금도 기억할 정도다.

잔뜩 기대하고 본 영화는 생각보다 별로였다. 특수효과는 유치했 고 내용도 지루했다. 그래도 마음에 드는 장면은 있었다. 슈퍼맨의 여자친구인 루이스 레인이 45층에 있는 자신의 집 난간에서 도시의 야경을 내려다보는 장면 말이다. 이상한 분위기가 흐르는 밤이었다. 슈퍼맨이 날아오더니 밤의 불빛을 바라보는 그녀 앞에 내려섰다. 루 이스는 깜짝 놀란 표정으로 슈퍼맨을 쳐다봤다. 그럴 만도 했다. 몸 에 쫙 달라붙는 복장에 팬티를 밖에 입은 남자가 갑자기 나타났으니 말이다. 게다가 이마 가운데로 흘러내린 한 가닥의 머리카락은 어떠 한가. 그런데다 그는 날아오기까지 했다! 잠시 후 루이스는 놀란 가슴을 진정시키고 기자 본능을 발휘해 묻는다.

"슈퍼맨, 당신이 이루고자 하는 것은 무엇이죠?"

그러자 슈퍼맨이 자랑스럽게 가슴을 내밀며 따분한 대답을 한다.

"진실과 정의, 그리고 미국식 삶의 방식이죠!"

영화 내용이나 화면은 정말이지 유치하고 부자연스러웠지만, 어쩐지 나는 그의 말이 마음에 들었다. 적어도 그는 자신의 가치관과 믿음을 밝힐 수 있는 사람이었기 때문이다. 물론 우리는 슈퍼맨과 같은 가치관을 가질 필요는 없다(팬티를 밖에 입을 필요는 더더욱 없다). 하지만 나의 가치관을 정립하는 것은 인생의 혼돈을 끝내고 행복을 찾아가는 명확한 출발점이다.

영화나 소설에 등장하는 영웅들은 잘 죽지 않는다. 주위 사람들이 하나둘씩 쓰러져도 최후까지 위험을 피해서 살아남는다. 영화니까, 소설이니까 가능한 것 같지만 그렇지 않다. 현실에서도 겁이 많아 소심하고 도망갈 생각만 하는 사람은 가장 먼저 당하기 마련이다. 위험을 각오하고 두려움에 맞서 적극적으로 일에 임하는 사람은 의외로 화살이나 총알이 알아서 피해 간다. 이런 사람들은 자신이 꼭 지켜야 할 가치관을 가지고 있다.

'나는 안 돼. 절대로 못 해!'라고 처음부터 포기하는 사람에게는 가치관이 없다. 행운의 여신은 절대로 가치관을 갖고 있지 않은 사람의 손을 들어주지 않는다. 용기 있고 강한 사람은 적도 알아서 피해가기 때문에 마음먹은 대로 활약할 수 있다.

내가 자라면서 지켜본 슈퍼 영웅들은 특별한 차림새를 하거나, 매우 힘이 세거나, 전혀 다른 모습으로 변신했다. 한마디로 보통 사람들과 다르게 특별했다. 하지만 나는 지금껏 내가 알아온 영웅의 잘못된 것임을 이제는 알고 있다.

우리 아들은 어렸을 때 〈뚝딱뚝딱 밥 아저씨〉라는 만화영화를 즐겨보곤 했다. 가지고 놀던 장난감도, 맛있게 먹던 빵도 내동댕이치고 TV 앞으로 달려갈 정도로 푹 빠져 있었다. 실로 오랫동안 나는 아이가 그 만화영화를 저렇게나 좋아하는 이유를 도무지 알 수 없었다.

'대체 왜 밥 아저씨를 좋아하는 거지? 영웅도 아니고 복장이 특별한 것도 아닌데. 그냥 평범한 건축업자일 뿐이잖아!' 하는 생각만 들었다.

제니는 모든 일이 가능하다고 생각하는 긍정적인 가치관을 가졌다. 그녀는 무한대까지 세어봤다. 그것도 두 번이나!

그러던 어느 날 나는 아이와 함께 소파에 앉아 〈뚝딱뚝딱 밥 아저씨〉를 처음부터 감상하게 됐다. 밥 아저씨는 이제껏 내가 알아온 평범한 건축업자가 아니었다. 밥 아저씨는 미소 띤 얼굴로 손을 흔들며 등장한다. 주위에는 스쿠프와 먹, 디지, 웬디, 롤리, 스퍼드로 이루어진 팀과 함께한다. 그들은 항상 노래를 부르고 춤을 춘다. 열심히 이것저것을 만드는데 그러는 사이 문제가 생겨도 하던 일을 내팽개치고 툴툴거리며 가는 법이 없다. 특히나 밥 아저씨는 위기가 닥쳐도 늘 싱글벙글 웃으며 팀을 향해 이렇게 외친다.

"자, 우리가 이걸 고칠 수 있을까?"

그다음이 명장면이다. 그의 팀이 "네. 할 수 있어요!"라고 외치는 것이다.

밥 아저씨 같은 사람이라면 나라도 고용하고 싶을 것이다. 능력 있는 팀을 거느리고 '할 수 있다'고 외치는 남자 말이다. 그렇다고 해서 밥 아저씨가 다른 건축업자들과 다른 특별한 도구를 가진 것도 아니다. 똑같은 기술과 도구로 건물을 만든다. 하지만 밥 아저씨의 태도는 남다르다. 이것이 그를 세상에서 가장 뛰어난 건축업자로 만들어준다.

결국 팬티를 밖에 입거나, 멋지게 변신한다고 해서 슈퍼 영웅이 되는 것은 아니다. 어쩌면 매 순간 최선을 다하는 것이야말로 슈퍼 영웅이 되는 길인지도 모른다. 그리고 그것은 우리가 소중하다고 여기는 가치와 그것을 지켜내려는 가치관과 관련이 있다.

영화 〈세상에서 가장 빠른 인디언〉은 누구나 영웅이 될 수 있다는 것을 보여준다. 황혼의 나이에 홀로 뉴질랜드에서 미국 보너빌(Bonneville Salts Flats: 자동차가 시속 1,000km로 달릴 수 있는 고속 자동차경주로 유명한 곳)로 건너가 구형 오토바이로 1,000cc 이하급 신기록을 세운 버트 먼로의 실화를 그린 작품이다.

은퇴한 뒤 연금에 의지해 홀로 살아가는 버트의 꿈은 보너빌로 건너가 그의 오랜 친구이자 희망인 오토바이 '인디언'과 함께 최고속도로 달려보는 것이다. 하지만 그의 꿈을 들은 사람들은 모두 비웃으며 귀 기울여주지 않는다. 옆집 꼬마를 제외하고는…. 남들의 생각에 아랑곳하지 않고 버트는 매일 오토바이가 더욱 빨리 달릴 수 있도록 손본다. 오토바이를 타는 것이 무섭지 않으냐고 묻는 꼬마에게 그는 이렇게 대답한다.

"애야, 위험이란 건 말이다. 삶의 활력 같은 거란다. 가끔은 위험도 감수할 수 있어야 해. 그래야 세상살이가 살맛이 나거든. 가야 할 때 가지 않으면 가려 할 때는 갈 수가 없단다."

그러던 어느 날 버트는 협심증으로 쓰러진다. 의사는 그에게 다시는 오토바이를 타지 말라고 충고한다. 그 이야기를 들은 버트는 미국으로 떠날 것을 결심한다. 그는 꼬마에게 말한다.

"네가 네 꿈을 좇지 않는다면 넌 채소(식물인간)와 다름없단다."

"어떤 채소요?"

"양배추…. 그러니 꿈을 포기하지 마라. 꿈을 놓아버리는 순간 맥없이 시들어버리고 말라가는 채소처럼 볼품없는 삶을 살아갈지도 모른다. 꿈은 네가 살아갈 마지막 숨결이야."

버트는 넉넉지 않은 노잣돈을 들고 43년이나 된 '인디언'과 함께 꿈을 향해 떠났다. 그가 1967년 1,000cc 이하급 오토바이 종목에서 세운 기록은 아직도 깨지지 않았다. 그는 마침내 세상에서 가장 빠른 인디언을 타고 달린 영웅이 됐다.

어떤가. 당신도 충분히 영웅이 될 수 있을 것 같지 않은가?

그 시작으로 다음 문장을 완성해 보자. 정해진 답은 없다. 당신이 가장 중요하게 생각하는 믿음과 가치가 무엇인지 파악하는 것이 목적이다.

사람들은…

____

____

____

____

____

행복이란…

사랑의 의미는…

돈이란…

일이란…

가족이란…

성공이란…

우리는 당연히 다른 사람들도 우리와 똑같은 가치를 좇을 것이라고 추측한다. 그렇기 때문에 때로는 다른 사람의 행동을 이해하지 못하기도 하는 것이다.

어느 날 나에게 두 가지 해야 할 일이 주어졌다. 한 가지는 마트에서 잔뜩 장을 보는 것이고, 또 한 가지는 자동차정비소에서 타이어를 교체하는 일이었다. 두 가지 일을 한꺼번에 해결하기로 결심한 나는 정비소에 자동차를 맡기고 마트까지 10여 분을 걸어가 타이어를 교체하는 동안 장을 보기로 했다.

'이게 바로 멀티태스킹이이란 말이지!' 하고 생각하면서. 때는 겨울이었다. 한꺼번에 일을 처리한다는 사실에 눈이 내리고 있었는데도 기분은 좋았다. 나는 카트에 먹을 것을 잔뜩 싣고 마트에서 나왔다. 하지만 내 계획은 그다지 세심하지 못한 것이었다. 카트는 먹을 것으로 가득 차 있는데 그것을 실을 차가 없으니 말이다! 정비소까지 털거덕거리며 카트를 밀고 가기에는 눈이 와서 길이 미끄러웠고 사람들의 시선이 부끄러웠다. 나는 카트를 내버려두고 정비소까지 뛰어가 차를 가지고 오기로 했다. 10분이면 충분했다. 게다가 눈이 내리고 있으니 냉동식품도 녹지 않을 것이다. 정비소에 도착하니 타이어를 말끔히 교체해놓았다. 나는 자동차를 몰고 카트를 찾으러 마트로 향했다(여기까지만 읽어도 무슨 일이 벌어졌는지 벌써 알아차렸을 것이다).

주차장을 이리저리 돌며 내가 잠시 세워둔 카트를 찾아보았지만 보이지 않았다. 나는 자동차를 주차해놓고 걸어 다니며 카트를 찾기 시작했다. 하지만 어디에도 보이지 않았다. 나는 마트 안으로 들어가 물어보기로 했다. 분명 누군가 착한 사마리아인이 카트를 안전하게 안에다 끌어다 놓았을 것이라고 믿었다.

하지만 나와 가족이 일주일 동안 먹을 식량이 담긴 카트는 말끔히 사라져버렸다. 누군가 10분 동안 방치해 둔 카트를 깔끔하게 훔쳐가 버린 것이다. 이 못된 도둑놈 같으니라고! 나는 화가 나 그 날 일을 설명했지만 모두 내 얘기를 듣고 웃음을 터뜨렸다(나만 빼고). 누군가는 나에게 "어떻게 그렇게 멍청할 수가 있어?"라고 말했다.

하지만 내가 생각하기에 그건 멍청한 행동이 아니었다. 정직함이야말로 내가 정말 중요하게 생각하는 가치다. 그리고 나 자신이 정직하기 때문에 다른 사람들도 모두 정직할 것이라고 생각했다. 그 일로 인해 내가 가졌던 믿음체계가 흔들렸고, 한동안은 사람들을 의심스러운 눈초리로 바라보기도 했다.

그런가 하면 작년에 돈을 인출하러 은행에 갔다가 현금지급기 위에서 누군가 두고 간 돈다발을 발견한 적이 있었다. 바스락거리는 깨끗한 20달러짜리 돈뭉치였다. 주변을 둘러보니 그 돈을 두고 갔을 만한 사람이 보이지 않았다. 그때 나는 어떻게 했을까? 돈뭉치를 집어 주머니에 넣었다. 그러고는 은행 안으로 들어가 경비원에게 주었다.

가치에는 '옳고', '그른' 것이 있는 것이 아니다. 그저 '다른' 것이 존재할 뿐이다(비록 '정직하지 못한 것'을 가치로 보는 일이 내게는 아직 어렵지만 말이다). 당신의 가치에 따라 행동이 달라질 것이고 살면서 성취하는 결과가 달라질 것이다. 가치는 닻과 같다. 행동의 중심이 되어준다. 닻이 내려져 있으면 배가 조금 떠내려간다 해도 다시 끌려오게 돼 있는 것처럼 말이다.

우리는 모두 다르다. 내가 늘 정답일 수도 없다. 내겐 정답인 것이 누군가에겐 오답일 수도 있다. 따라서 다른 누군가에게 어떤 가치를 가져야 한다고 일러줄 수는 없다. 가치는 내면에서 생기는 것이기 때문이다. 틀린 것이 아니라 다른 것, 이를 인정하면 행복해진다.

당신은 지금껏 속고 살았다!

아니, 사실 우리 모두 지금껏 속고 살았다!

우리는 '행복'이 감정적인 무지개의 끝에 놓여 있는 금항아리라고 믿고 살아왔다. 다시 말해서 행복이란 열심히 노력해야 얻을 수 있는 것이라고 믿어왔다는 것이다. 추구해야 할 것이 행복이라고 말이다. 우리 모두 그렇게 엄청난 거짓말에 속아왔다. 우리는 아이들

에게 열심히 공부하면 좋은 성적을 받게 될 것이고 그러면 행복해질 것이라고 말한다. 영업 실적을 올리면, 완벽한 사람과 결혼하면 행복하게 될 것이라고 믿는다.

행복이란 무지개 끝에 놓여 있는 멋진 금항아리가 맞다. 하지만 무지개의 저쪽 끝이 아니라 우리 쪽 끝에 놓여 있다. 좋은 성적을 얻어야 행복해지는 것이 아니라, 좋은 성적을 얻게 되는 열쇠가 행복이다. 따라서 학교 성적이 좋은 아이가 행복한 것이 아니라, 행복한 아이가 학교 성적도 좋다. 가장 활발하고 행복한 영업사원이 가장 많은 고객을 끌어들인다. 지금 행복한 것이 완벽한 배우자를 만나게 되는 길이다.

행복은 내 손안에 있다. 조심스레 손을 펴보자. 그리고 들여다보자. 이제껏 놓쳐온 행복이 보일 것이다. 행복을 가진 사람은 자기만의 가치관을 가진 사람이다. 그리고 그들은 영웅이 된다. 그래서 우리는 모두 영웅이다.

다음 생각할 거리를 던지면서 이 장을 끝마치고자 한다.

우리는 왜 지금껏 엉뚱한 곳에서 행복을 찾고 있었던 걸까?

행복은 내 손안에 있다.

Chapter 8

내 마음 들여다보기

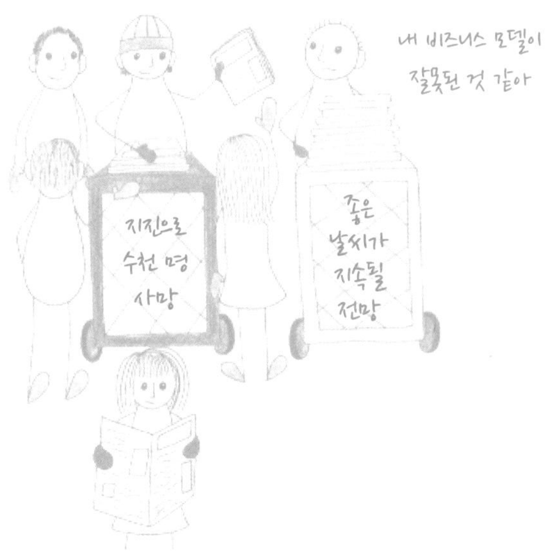

간단하게 설명할 수 없다면
제대로 이해하지 못하는 것이다.

알베르 아인슈타인 *Albert Einstein*

자신의 얼굴을 드러내는 자화상은 깊은 자기 고백의 장이라고 볼수 있다. 그림을 그리는 사람의 얼굴이 직접 등장하는 자화상에는 자신에 대한 내·외적 관찰과 자기연민 등이 드러나기 때문이다.

대부분의 사람들은 자신의 가치를 드러내기 위해 빛나는 것들만 보여주고 싶어한다. 하지만 자화상처럼 나의 솔직한 내면을 들여다볼 시간이 필요하다.

어느 날 선생님이 학생들에게 '세계 7대 불가사의'를 적어보라고 했다. 여러 가지 답변이 있었지만 학생들 대부분은 다음과 같이 적었다.

1. 이집트의 피라미드

2. 인도의 타지마할

3. 미국의 그랜드 캐니언

4. 미국의 엠파이어 스테이트 빌딩

6. 이탈리아의 산 피에트로 대성당

7. 중국의 만리장성

    아이들이 적은 종이를 확인하던 선생님은 말수가 적은 한 아이가 아직도 무언가를 적고 있는 모습을 발견했다. 선생님은 아이에게 7대 불가사의를 적는 게 어려운지 물었다.

    소녀가 대답했다.

    "네, 조금요. 너무나 많아서 무엇을 적어야 할지 결정할 수가 없어요."

    "그렇다면 네가 생각하는 게 뭔지 말해보렴. 우리가 도와줄 수 있을지도 모르니까 말이야." 선생님이 말했다.

    소녀는 잠시 망설이더니 그동안 적은 것을 읽기 시작했다.

    "내가 생각하는 세계 7대 불가사의란…"

1. 보고

2. 듣고

3. 만지고

4. 맛을 보고

5. 느끼고

6. 웃고

7. 사랑하는 것

마음은 아름다운 것이지만 동시에 매우 복잡한 것이기도 하다. 우리 마음은 어떻게 변하고 작동하는 것일까? 과연 복잡한 마음이 무엇인지 알 수 있기나 한 걸까?

마음에 대해 알아보기 위해 가장 먼저 이해해야 할 것은 의식적인 마음과 무의식적인 마음이 있다는 것이다. 마음은 빙산과 같다. 마음에는 우리가 인식하는 부분이 있는데 이를 가리켜 의식적인 마음이라고 부른다. 이것이 빙산의 끝 부분, 즉 수면 위로 솟아오른 부분이다. 이와 달리 우리가 잘 의식하지 못하는 부분도 있다. 이를 가리켜 무의식적인 마음이라고 부른다. 빙산에서 이것은 수면 아래쪽 부분에 해당한다. 따라서 무의식적인 마음이 의식적인 마음보다 훨씬 더 크다.

좀 더 쉽게 설명하자면 타이타닉호를 생각하면 된다. 영화 〈타이타닉〉을 봤는가? 배가 가라앉는 순간을 떠올려보자. 배는 한쪽으로 기울면서 뒤뚱대더니 절반도 훨씬 넘는 부분이 바다 밑으로 가라앉는다. 수면 위로는 갑판 끝이 겨우 올라와 있을 뿐이다. 이때가 바로 의식과 무의식이 우리 마음을 조종하는 순간이다. 무의식은 의식과 달리 매우 크고 그 범위가 넓다. 우리는 자칫 하는 순간 의식을 무의식에 넘겨주고 만다. 생각과 다른 행동이나 말 모두 무의식이 의식을 끌어당긴 결과다. 타이타닉호가 바닷속으로 가라앉아 우리 눈앞에서 형체도 없이 사라진 순간은 우리의 의식이 무의식에 먹혀버린

것이라 생각하면 된다.

의식적인 마음이 하는 일은 우리가 지금 이 순간 생각하는 것을 기록하는 것이다. 그것이 인식이다. 예를 들어 '우리 마음을 빙산에 비유한 것이 마음에 들어'라거나 '지금 당장 진한 커피 한 잔이 마시고 싶어' 또는 '내가 커피를 마시고 싶어하는 걸 그가 어떻게 알았지?'라는 식의 생각을 뜻한다. 무엇을 생각하든 의식적인 마음이 작동한다. 의식적인 마음이 하는 또 다른 일은 무의식적인 마음에 직접 지시하는 것이다. 의식적인 지시 덕분에 우리는 무의식에 몸과 마음을 빼앗기지 않고 이성적으로 사고하고 행동할 수 있다.

의식적인 마음은 할 수 있는 일이 제한적이지만 매우 논리적이다. 그래서 모든 것이 합리적이기를 바란다. 무언가 이치에 맞지 않는다면 의식적인 마음이 최대한 추측해 빠지거나 잘못된 부분을 채워 넣는다.

무의식적인 마음은 몸을 움직이고 심장이 뛰게 하고 간과 신장을 비롯한 모든 내장과 신체 기능이 제대로 작동하게 한다. '가만히 앉아서 계속 숨을 쉬는 게 좋을 거야'라거나 '오늘 밤 잠을 자는 동안 심장이 계속 뛰도록 해야겠어'라고 생각한 적이 있는가? 아마 없을 것이다. 그런 것은 모두 무의식적인 마음이 대신해 주기 때문이다.

무의식적인 마음은 모든 기억을 저장하는 것은 물론 모든 감정의 근원이 되기도 하다. 살면서 당신에게 벌어졌던 모든 일이 무의식적인 마음속에 저장되어 있다. 무의식적인 마음은 NLP(신경언어프로그래밍) 과학자들이 '타임라인'이라고 부르는 시간순으로 기억을 저장한다. 그래서 어제 있었던 일과 10년 전에 있었던 일을 구분하고 비교하게 해주는 것이다. 기억이 시간순대로 저장되지 않는다면 과거에 있었던 일을 기억하긴 하겠지만 특정한 사건이 언제 벌어졌는지는 알지 못할 것이다.

자신도 모르게 무의식적으로 행하는 생각이나 습관 등을 의식적으로 알아차리는 노력을 해보자. 지금과는 다른 새로운 세상이 보일 것이다. 예를 들어 살아 있는 사람이라면 누구나 하는 무의식적인 행동인 '숨쉬기'를 의식적인 행동으로 바꿔보자.

숨을 내쉴 때 체내에 쌓인 독성물질이나 정신적인 독소들이 제거된다고 상상하자. 불안한가? 숨을 내쉬어라. 화가 나는가? 호흡을 통해 분노를 몸 바깥으로 배출하라. 근육이 뭉쳐 있는가? 숨을 내쉴 때마다 근육을 이완시키자. 독소가 빠져나가고 남은 빈공간에는 당신이 들이마시는 기분 좋은 산소가 가득 찰 것이다.

이제 몇 분간 주의를 집중해 복식호흡을 해보자. 일을 하다가 또는 쇼핑을 하거나 저녁 준비를 하는 도중에 의식적으로 숨을 쉬어보자. 목표를 미리 정해 두면 도움이 될 것이다. 아침에 호흡법을 활용해 15분간 명상을 하면 평온한 마음으로 하루를 맞이할 수 있을 것이고, 밤에 호흡 명상을 하면 숙면을 취할 수 있을 것이다. 한 시간에 한 번씩 호흡을 확인해 보는 것도 좋은 방법이다. 알람기능이 있는 손목시계가 있다면 적절한 시간을 정해 두고 알람이 울릴 때마다 심호흡을 하면 된다.

이 놀이가 가장 빛을 발하는 것은 바로 '숨 돌릴 틈도 없을' 때다. 정신없는 현실에 브레이크를 걸고, 잠시 멈춰서 한숨 돌리자. 정신이 산만할 때 심호흡을 하면 집중이 잘되고, 스트레스를 받을 때 심호흡을 하면 마음이 평온해진다. 무의식 상태에선 아무것도 아니었던 행동인 숨쉬기가 의식적으로 좋은 의미를 부여하면서 몸과 마음에 평화와 긍정적인 기분을 가져왔기 때문이다.

앞서 우리는 의식적인 마음이 무의식적인 마음을 지시한다고 설명했다. 따라서 무의식적인 마음이 하는 기능 중에 하나는 이렇게 의식적인 마음으로부터 지시받은 일을 수행하는 것이다. 무의식적인 마음은 지시받은 대로 정확하게 따른다. 그런데 가장 중요한 점은 무의식적인 마음이 우리의 부정적인 생각까지 처리하지는 않는다는 것이다.

만일 내가 당신에게 '분홍색 기저귀를 찬 원숭이를 생각하지 마라'고 명령한다면 당신의 머릿속에는 무엇이 떠오르겠는가? 분홍색 기저귀를 찬 원숭이가 가장 먼저 보일 것이다. 우리 마음대로 무언가를 생각하지 않을 수는 없다. 만일 옆자리의 누군가가 "팔꿈치를 혓바닥으로 핥을 수 있는 사람은 없어"라고 자신 있게 말한다면? 즉시 당신을 비롯한 주변의 사람들이 팔꿈치를 핥으려고 할 것이다. 확인해 보고 싶은 욕구가 넘쳐나서 우스꽝스러운 표정으로 혀를 내밀고 어떻게든 팔꿈치를 핥으려고 시도한다. 남들보다 의식적인 마음이 좀 더 발달한 사람이라면 한동안은 확인해 보고 싶은 욕구를 억누르겠지만 하루해가 가기 전에 반드시 팔꿈치를 핥아보려고 시도할 것이다. 아마도 나라면 기차에 있다 해도 지금 당장 확인하려 들 것이다.

사람들이 살면서 피하고자 하는 일을 계속 끌어당기는 가장 큰 이유는 부정문을 처리하는 능력이 없기 때문이다. 사람들은 무의식적인 마음을 향해 자신이 원치 않는 것을 끊임없이 말한다.

"가난하게 살고 싶지 않아."

"살이 안 쪘으면 좋겠어."

"이제는 더이상 싱글로 지내기 싫어."

"물에만 빠지지 않는다면 공이 어디로 가든 상관없어요"라고 말하는 골프선수를 떠올려보자. 무슨 일이 벌어질까?

퐁당!

골프공은 어김없이 물에 빠지고 만다.

무의식적인 마음은 우리가 집중하거나 생각하는 것을 삶 속에 끌어들인다. 때문에 의식적인 생각을 통제하는 것은 매우 중요하다. 특히 부정적인 생각을 통제해야 한다. 우리는 삶이 엉망진창이기 때문에 부정적으로 생각한다고 믿는다. 하지만 순서가 바뀌었다. 부정적으로 생각하기 때문에 삶이 엉망진창인 것이다.

이웃 중에 말을 몇 마리 가지고 있는 한 남자가 있다. 하필 그 남자가 말을 풀어놓는 곳에 스쿨버스가 정차하기 때문에 그 남자가 일할 때면 학생들이 과자 부스러기 같은 것들을 말들에게 먹이곤 했다. 말들은 초코바나 아이들이 가사 시간에 만든 감자칩 같은 것을 매우 좋아했다. 심지어 페퍼로니 피자까지 좋아하게 됐다. 시간이 지나면서 말들은 눈에 띄게 살찌기 시작했다. 보다 못한 주인은 '말들에게 먹을 것을 주지 마시오'라고 쓴 표지판을 세웠다.

효과가 있었을까? 전혀 없었다. 아이들은 계속해서 말들에게 먹을 것을 주었다. 그러자 주인은 표지판 문구를 바꾸었다. 이번에는 '제발, 말들에게 먹을 것을 주지 마시오!'라고 썼다. 그래도 여전히 문제는 해결되지 않았다. 그러던 어느 날 학교 행사에서 그를 만나게 됐다. 내가 긍정 심리학의 열렬한 지지자라는 것을 알고 있었던 그는 간단한 해결 방법이 있을까 하는 마음에 나에게 문제를 털어놓았다.

"어떻게 하면 아이들이 말에게 먹을 것을 주지 못하게 할 수 있을까요?"

나는 웃으면서 종이 위에 몇 마디를 적어 그에게 건넸다. 그 남자는 종이를 보더니 웃음을 터뜨렸다.

"말도 안 돼요! 정말 이걸로 문제가 해결될 수 있을까요?"

나는 무언가 알고 있는 듯한 미소를 지어 보였다. 며칠 뒤 문제는 해결되었다. 시간이 지날수록 말들은 다시 평상시의 체중으로 돌아왔고 털에도 윤기가 흘렀으며, 기력도 되찾았다. 그의 목장 앞을 지

나가면 지금은 이렇게 쓰인 표지판을 볼 수 있다.

'우리는 사과와 당근만 먹어요.'

단순하면서도 긍정적인 메시지다. 벌어지지 않기를 바라는 일이 아니라 이루어졌으면 하고 바라는 일에 초점을 맞춘 것이다. 그리고 무엇보다 효과가 있다.

부정적인 생각에만 사로잡혀 있는 것은 휴게소도 없이 앞만 보고 달려온 자신을 스스로 다스릴 수 없게 됐다는 뜻이다. 빠르게 달리는 자동차는 멈추기 어렵다. 우리 마음도 마찬가지다. 광적인 질주 상태에서는 통제가 불가능하다. 부정적인 마음이 이끄는 대로 행동하는 우리는 무의식적으로 스스로를 가두기 시작한다.

우리 마음은 항상 수천 가지 생각으로 나뉜다. 힌두교의 비유를 사용하자면 마음은 미친 원숭이처럼 날뛴다. 몇 분만 자신의 마음속을 들여다보면 분명하게 알 것이다. '일을 너무 많이 했더니 피곤해. 초콜릿이라도 먹어야겠어. 아니야, 그러면 살찔 거야. 운동을 더 해야지. 하지만 시간이 없는걸. 이 많은 우편물을 다음 주까지 어떻게 다 발송한담? 다 끝내지 못하면 상사가 가만히 있지 않을 텐데. 그는 입냄새가 고약해. 내 입에서도 그렇게 고약한 냄새가 나나?' 부정적인 생각은 이렇게 끝없이 요동친다.

우리가 이를 즐긴다면 상관없겠지만, 나쁜 방향으로만 흘러가는 생각의 분출이 고통을 단절시키지는 못한다. 우리는 얼마 안 가 불안에 쫓기고 분노에 내몰리며 자기혐오의 함정에 빠진다.

머릿속에서 부정적인 생각에 사로잡혀 거기서 벗어나지 못하고 괴로워하거나 자신의 세계를 한정 짓는 사람이 많다. 사람은 어떤 일을 앞두고 불길한 일이 생기면 그것에 연연해 계속 안 좋은 일이 생길 것이라고 불안해한다. 그런데 부정적으로 생각하면 정말 상황이 악화된다. 무의식일 경우 더욱 그러하다. 반대로 불길한 일이 있더라도 좋은 징조로 받아들이면 반드시 좋은 결과를 얻는다. 바보같은 생각이라고 생각할지 모르지만 사실이다. 현실은 마음먹기에 따라서 백이 흑이 되고 흑이 백이 될 수도 있다. 생각이 현실을 바꾸는 것이다.

잘못된 믿음 버리기 연습

성공하지 못할 것이라는 잘못된 믿음을 버리는 것이
성공을 향한 첫걸음이다.

앤드루 메튜스*Andrew Matthews*

프랑스의 고전 작가 라 로슈푸코La Rochefoucauld는 "잘못된 일을 저지르고도 그것을 괴로워할 줄 모르는 인간만큼 빈번히 잘못된 일을 저지르는 인간은 없다"고 말했다. 우리는 살면서 잘못된 선택을 수없이 많이 한다. 이는 누구에게나 벌어질 수 있는 일이다. 하지만 그런 자신을 변화하려 하지 않는 것은 잘못된 선택보다 더 큰 문제다.

앞으로 내가 하고자 하는 이야기는 위의 4단계가 전부다. 이것만 알아도 우리는 충분히 만족하며 자체발광하는 삶을 살 수 있다.

사람은 누구나 저마다의 쾌적대comfort zone를 가지고 있다. 쾌적대란 말 그대로 쾌적하다고 느끼는 범위로, 자신의 현 상태를 안정적으로 유지해주는 역할을 한다. 이 쾌적대를 진화시킬 수 있는 사람이 성장해 나갈 수 있는 사람이다. 이처럼 우리 마음의 쾌적대를 형성하는 것 중에는 '파충류의 뇌'라고 불리는 재미있는 부분이 있다.

인간 최초의 뇌는 이성을 관장하는 대뇌피질(인간의 뇌)과 그 아래에서 감정을 담당하는 대뇌변연계(포유류의 뇌), 그리고 생존과 생식

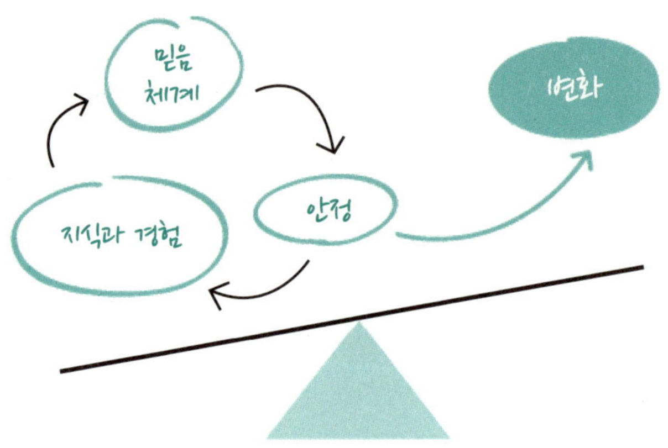

을 담당하는 가장 원시적인 파충류의 뇌 세 가지로 구성되어 있다. 파충류의 뇌는 사람들의 생존을 위해 환경에 적응하는 문화를 만들고 이들 문화에 의한 다양한 경험은 개개인의 뇌에 각인되어 유전자처럼 대대로 이어진다.

파충류 뇌가 존재하는 가장 큰 목적은 생존과 생식이다. 이는 기본적인 본능이기도 하다. 인간에게는 '좋은 감정을 느끼는 것'이나 '올바른 감정을 느끼는 것'보다 '살아남는 것'이 훨씬 더 중요하다. 따라서 삶의 우리 대부분을 지배하는 것은 파충류 뇌다. 파충류 뇌는 인간의 뇌와 포유류 뇌와의 싸움에서 대부분 승리한다. 본능이 논리와 감정의 싸움에서 승리하는 것은 당연하다. 하지만 그것을 내버려두기만 해서는 안 된다.

쉬운 예로 파충류 뇌가 활동하는 방법을 알아보자.

토요일 저녁 시내 중심가에 있는 백화점에 쇼핑을 하러 갔다. 그런데 앞에서 술에 취한 젊은 남자 여럿이 당신에게 다가온다. 맥주병을 들고 있던 그들 중 몇몇이 병을 깨더니 당신을 위협한다. 순식간에 여러 명에게 둘러싸인 당신은 위협당하고 있다고 느낀다. 이때 당신의 모든 생각과 행동을 담당하는 것이 파충류 뇌다. 생존에 대한 본능을 느꼈기 때문이다.

그 즉시 아드레날린이 급증하고 온몸의 근육에 힘이 들어간다. 파충류 뇌는 당신에게 두 가지 방법 중 하나를 선택하라고 말한다. 첫 번째는 싸워라. 하지만 상대는 10명이나 되는데다 술에 취했다. 게다가 깨진 술병까지 들고 있다. 두 번째는 도망가라. 그래, 첫 번째 방법보단 이게 낫겠다. 그때부터 당신은 걸음아 날 살려라 하고 도망친다. 동시에 파충류 뇌는 지금까지 가장 빠른 속도로 가장 멀리 도망가기에 충분한 아드레날린을 공급한다.

한창 도망치던 중 원래 계획대로라면 당신이 사려 했던 바로 그 물건이 진열된 상점 앞을 지나더라도 파충류 뇌는 생존에만 신경 쓴다. 잠시 달리기를 멈추고 '음, 색깔 좋은데. 지나가는 김에 들어가서 사야겠어'라고 생각하게 내버려두지 않는다. 생각은커녕 그 물건이 거기에 있는지도 알아차리지 못한 채 계속 달리기만 할 것이다.

물론 이것은 파충류 뇌의 생존을 위한 극단적인 도주 반응을 나타낸 것이다. 평소의 파충류 뇌는 당신을 안전하게 지키는 수준에서 만족한다. 트럭이 달려올 때는 길을 건너지 않는 것처럼 말이다. 따라서 파충류 뇌가 가장 '안전'하다고 여기는 것은 바로 습관과 일상, 즉 반복적인 행동이다.

그래서 대부분의 사람들이 일상적인 생활에 젖어든다. 매일 아침 같은 시간에 알람이 울리면 사람들은(그리고 가족들도) 똑같은 일상을 반복한다. 매일 같은 자리에 앉아 똑같은 시리얼을 먹고 똑같은 차나 커피에 똑같은 우유나 설탕을 넣어 마신다. 우리는 똑같은 자동차를 운전하고 똑같은 라디오 채널을 듣는다. 그리고 가장 좋아하는 신문을 읽고 가장 좋아하는 음료수를 가장 좋아하는 컵에 따라 마신다. 사람들이 저마다 '가장 좋아하는 컵'을 선호하는 이유를 살펴본 흥미로운 연구도 있다. 연구 결과에 따르면 음료수를 마시는 데는 단순히 맛뿐만 아니라 느낌도 중요하게 작용하는데 '가장 좋아하는 컵'이 그렇게 마시는 경험을 향상시켜준다고 한다.

이런 습관에 뭔가 문제가 있다는 것은 아니다. 이런 습관들은 일상을 살아가는 데 필요한 것이며 우리를 안전하게 느끼게 해준다. 그러나 습관은 우리의 생각에 파고들기도 한다. 부정과 비관주의가 쉽게 자리 잡으면 우리가 생각하는 방식 전체가 우리를 몰락으로 끌고 갈 수도 있다.

심리학에는 '반복효과The effect of repetition'라는 것이 있다. TV 광고 등에서 많이 이용되고 있으며 큰 효과가 있다는 것은 이미 알려진 사실이다. 반복효과는 처음에는 절대로 믿을 수 없다고 생각했던 일도 몇 번이고 반복해서 경험하다 보면 어느 사이엔가 진실처럼 느껴지는 것이다. TV 광고 등에서 많이 이용되고 있으며 큰 효과가 있다는 것은 이미 알려진 사실이다.

문제는 부정적 습관이나 생각의 반복효과다. 인간이란 습관의 소산이다. 따라서 자기 파멸적이고 고통스럽고 해로운 행동이나 감정, 관계 등의 습관을 고치지 못하고 자꾸 반복한다. 이때 우리가 가진 지식과 경험은 우리의 믿음 체계를 결정한다. 내가 배우고 깨달은 것들로부터 습관이 형성되는데, 그것이 부정적 사고에 바탕을 두고 있다면 어떠할까? 스스로 원치 않는 삶을 선택한 것과 같다.

언젠가 《영혼을 위한 닭고기 수프》의 저자인 잭 캔필드Jack Canfield의 강연회에서 코끼리에 관한 이야기를 들은 적이 있다. 스스로 부정적 습관에 빠지는 사람들을 볼 때마다 코끼리 이야기가 생각난다.

서커스단과 함께 이곳저곳을 떠돌아다니는 코끼리 한 마리가 있었다. 코끼리가 사람들의 관심을 끈다고 생각한 단장은 항상 코끼리를 대형 천막 앞에 묶어두었다. 관객들이 입장할 때가 되면 줄을 선 아이들은 코끼리에게 먹이를 주느라 정신이 없었다. 물론 도망가면 안 되기 때문에 밧줄로 코끼리를 단단히 묶었다. 거대한 코끼리 발목과 천막의 말뚝이 밧줄도 연결돼 있었다. 물론 말뚝은 땅에 단단히 박혀 있었다.

그러던 어느 날 땅에 깊이 박혀 있던 말뚝이 뽑혔다. 지난밤 비가 많이 내려 단단하게 굳었던 흙이 풀어진 것이다. 게다가 그 날따라 사육사는 말뚝을 대충 박았다. "됐어, 이 정도면 충분해"라면서 말이다.

그런데 깊은 밤이 지나고 아침이 올 때까지 코끼리는 뽑힌 말뚝을 그대로 단 채로 한가로이 풀을 뜯고 있었다. 밤새 비가 온 것을 보고 코끼리가 도망가지는 않았을까 싶어 깜짝 놀란 모습으로 뛰어온 사육사는 코끼리를 보고 그저 눈만 꿈뻑였다.

코끼리는 왜 도망가지 않았을까? 조금만 가면 코끼리가 가장 좋아하는 맛있는 빵과 과일이 가득한 마트가 있는데 말이다. 왜 아무것도 모른다는 듯이 한가롭게 풀이나 뜯고 있는 걸까?

그 이유는 코끼리가 말뚝에 묶인 상태를 편안하다고 느끼기 때문이다. 늘 사육사나 아이들이 먹을 것과 마실 것을 주면 그것을 받아먹는 생활이 일상이 되어버린 것이다. 그뿐만이 아니다. 코끼리는 도망칠 수 있다는 생각조차 하지 못했다. 아주 어렸을 때부터 코끼리의 목에는 밧줄이 감겼다. 그때는 등에 사슬을 감고 자물쇠까지 잠가두었다. 아무리 도망치려 해도 사슬은 꿈쩍하지 않았고 온몸에는 고통이 고스란히 전해졌다. 고통을 느끼는 사이 코끼리는 사슬을 끊고 도망가겠다는 생각을 접었다. 사슬은 사라지고 간단하게 풀 수 있는 밧줄만 남았지만 도망가겠다는 생각이 들이 않았다. 어렸을 때 도망치려 했지만 도망치지 못했다는 지식과 경험이 코끼리에게 남은 것이다. 그렇다면 진정으로 코끼리를 묶어둔 것은 무엇일까? 밧줄일까? 사육사일까? 아니면 매일 먹을 것이 생긴다는 사실일까?

모두 아니다. 코끼리를 도망치지 못하게 막은 것은 코끼리의 잘못된 믿음 체계다. 밧줄은 상징일 뿐이다. 코끼리 이야기는 긍정심리학자 마틴 셀리그만이 '학습된 무기력Learned helplessness'이라고 부른 것을 나타내는 대표적인 사례다. 학습된 무기력이란 피하거나 극복할 수 없는 환경을 반복적으로 경험하는 사람에게 나타난다. 은밀하게, 스스로도 의식하지 못한 채 무기력한 삶을 반복하는 사람은 스스로 문제를 극복할 수 있는 환경이 주어져도 아무것도 시도하려 하지 않는다. 무기력자들이 가장 자주 하는 말은 "실패하면 어쩌지, 해도 안 될 거야, 될 리가 없어"다. 학습된 무기력은 일생을 지배할 수도 있다. 심할 경우 삶에 대한 의욕마저 잃게 하는 무시무시한 마음의 독이 된다.

만일 우리도 뽑혀 버린 말뚝을 물끄러미 보기만 하는 코끼리 같은 삶을 살고 있다면 학습된 무기력에서 벗어나려고 노력해야 한다. 단순히 행동만 바꾼다고 변하는 것은 아니다. 그 수준을 넘어서야 한다.

리처드 윌킨스는 "바닷속에 서 있다고 해서 파도가 변하는 것은 아니다. 파도를 변화시키기 위해서는 달에 가야 한다"고 말했다. 파도가 달의 조석력tidal force 때문에 친다는 사실에 빗대 이야기한 것이다. 행동만 바꾼다고 해서 내가 변화되는 것이 아니다. 믿음 자체를 변화시켜야 한다.

자신의 믿음을 올바른 방향으로 바꾼다는 것은 의식 있는 존재로 살아가겠다는 의지를 보여주는 것이다. 이는 항상 변화한다는 것을 의미하기도 한다. 변화한다는 것은 경험을 쌓는 것이며, 경험을 쌓는다는 것은 나쁜 습관을 버리고 끊임없이 자기 자신을 창조해 나간다는 것이다.

습관에 대한 재미있는 실험이 있다.

5마리의 꿀벌과 같은 수의 파리를 하나의 유리병에 넣은 뒤 병을 가로로 놓고, 병이 막힌 아래쪽이 창문을 향하게 둔다. 과연 어떤 상황이 벌어질까?

병을 놓아둔 지 몇 분이 지나지 않아 파리들은 모두 병의 입구를 찾아 탈출한다. 하지만 꿀벌은 달랐다. 모두 막혀 있는 병의 아래쪽에 모여 쉴 새 없이 출구를 찾았다. 이는 빛을 좋아하는 꿀벌의 오랜 습성에서 비롯된 행동이다. 어느 곳이든 출구는 반드시 빛이 가장 밝은 부분에 있다고 생각하는 꿀벌은 결국 오랜 시간 동안 빛을 따라 출구를 찾아 헤매다 힘이 다해 죽거나 굶어 죽고 말았다.

오랜 습관에 안주한다는 것은 결국 꿀벌과 같은 삶을 선택하는 것이다. 어떤 의미로는 인생을 단념하는 것이라 하겠다. 그래서 우리는 늘 이기기 위해 안절부절못하고, 지는 것이 두려워 현실에 안주하려 한다. 하지만 이런 습관의 목을 비틀 수 있는 것은 오로지 당신뿐이다. 이는 삶을 뒤죽박죽으로 만들라는 말이 아니다. 만족이라고는 없는 어제와 같은 오늘, 오늘과 같은 내일을 살지 말라는 것이다. 안정이란 이름의 가면을 쓴 습관은 결코 당신을 창의적이고 행복한 인간으로 만들어주지 않는다.

그렇다면 당신이 개인적으로 얽매여 있는 습관은 어떤 것들인가? 눈에 띄진 않지만 당신도 모르게 안주하게 된 평범한 일상의 되풀이를 변화시킴으로써 새로운 인생을 살 수 있다. 당신이 싫어하면서도 익숙해져 버린 것은 많다. 아마도 서커스단의 코끼리처럼 처음에는 불쾌하게 여기던 일들이 결국은 맞서 싸우기를 체념하는 결과를 가져온 것이리라. 살면서 느끼는 작은 불편과 세부적인 것들이 행복해지는 데 큰 방해가 되지 않는다는 생각이 들면 더이상 주의를 기울이지 않게 된다. 오래전에는 상황을 개선해 볼 생각을 했지만, 이제는 더이상 관심조차 갖지 않게 된 것이다. 곧 잊어버리게 되는, 심각할 것이라고는 전혀 없는 미미한 통증처럼 돼버렸다. 쉽게 버리지 못하는 은밀한 습관 역시 마찬가지다.

하지만 되돌릴 시간은 충분하다. 문제는 시간이 아니다. 스스로 삶이란 완벽할 수 없다고 인정해 버리는 마음에 있다. 우리는 '지금 상황도 그렇게 나쁘지는 않다'며 상황의 편을 들어준다. 그렇다면 '5년 뒤의 내 모습은 어떨까?' 상상해 보자. 그때의 당신은 지금과 같을 것이다. 별다른 문제가 없는 것 같지만 사실은 그렇지 않다. 당신은 지금부터 5년 동안 지금의 인생을 그대로 되풀이할 뿐이다. 그 이상도 그 이하도 아니다. 그리고 다시 5년을 반복할 것이다. 끔찍하지 않은가? 오늘과 같은 매일을 계속 되풀이한다는 사실이….

자, 당신은 지금부터 최고의 오늘을 만들기 위해 달릴 것인가? 아니면 지금처럼 낙담하는 것으로 하루를 마감하는 삶을 계속 유지하겠는가? 한 가지 분명한 것은 결코 상황을 바꾸기에 늦지 않았다는 사실이다. 나는 우리가 동일하게 반복되는 시간에 갇혀 스스로를 사랑하고 행복을 깨닫는 법을 잃은 채 살아가지 않기를 바란다.

Chapter 10

돋보기를 통해 본 인생

'Semper in faecibus sumus sole, profundum variat.'
'우리는 항상 골치 아파한다. 그 정도만 다를 뿐.'

오늘은 당신의 마음을 마치 외부에서 들여다보듯 관찰해 보자. 머릿속을 스치는 것들(걱정, 기대, 나도 모르게 흘러나오는 콧노래 등)을 눈여겨보라. 마음이 하는 일에 별명을 붙여줘도 좋고 그냥 생각이 오가는 것을 지켜봐도 좋다. 되도록 자주 중립적인 입장의 관찰자가 되어보라. 마음에 돋보기를 가져가는 것이다.

부정할 수 없는 삶의 법칙 가운데 하나가 온 마음을 모아 원하는 것에 집중하면 반드시 얻을 수 있다는 사실이다. 언젠가 강의에서 이 말을 들은 사람이 이렇게 대답했다.

"아, 그렇군요. 그러니까 내가 복권에 생각과 마음을 집중하면 1등에 당첨된다는 거네요. 푸하하하."

안타깝게도 이 원칙은 그렇게 직접적이거나 세심하지 못하다. 이것은 불변의 '법칙'이라기보다 '철학'에 더 가깝다. 우리 마음에는 RAS라는 망상활성계Reticular Activating System가 있다. RAS는 우리 뇌가 외부에서 받아들이는 감각적 입력을 거르는 여과장치 역할을 한다. 즉 우리의 잠재의식 속에 숨어 있는 신념이나 가치관, 태도

등을 근거로 우리가 무엇을 수용하고 거부할 것인지를 결정하는 것이다.

쉬운 예를 들어보자.

얼마 전 나는 비싼 자동차에 집착하는 여성과 함께 컨퍼런스에 참석했다. 솔직히 나는 자동차에 별다른 애착이 없는 사람이다. 그런데 그녀는 나와 한창 이야기를 나누다가도 금세 비싼 자동차에 정신이 팔려 대화를 끊곤 했다.

"어머, 저 포르셰 봤어요? 은색은 흔치 않은데…."

하지만 나는 그 자동차가 지나가는 것도 보지 못했다.

몇 분 뒤 그녀는 다시 "말도 안 돼. 저건 4.5ℓ 머큐리 CLX잖아! 저 자동차를 새로 뽑을 바엔 5,000파운드만 더 주면 BMW9 트윈 터보 소프트탑을 살 수 있는데. 저런 걸 사는 사람이 있다니, 말도 안 돼. 봤어요?"라며 흥분했다.

그녀가 커다란 눈으로 호들갑을 떨며 나에게 질문할 때마다 "어, 아니요"라고 대답하는 것이 마치 정해진 패턴 같았다.

우리는 똑같은 길을 가면서 똑같은 유리 너머로 밖을 내다봤지만, 서로 다른 세상을 보고 있었다. 자동차에 관심이 있는 그녀에게는 자동차만 눈에 들어왔다. 버밍햄에 도달하는 것에 관심이 있던 내 눈에는 표지판만 들어왔다. 우리의 RAS는 너무도 달랐다.

같은 것을 두고 서로 다른 RAS가 발동하는 경우는 너무도 많다.

오래전 나는 대학교 친구와 함께 방학 동안 기차여행을 했다. 하루는 기찻길 바로 옆에 있는 싸구려 모텔에서 묵기로 했다. 며칠 동안 기차를 타고 달렸던 나는 그 사이 기차 소리에 익숙해졌다. 덕분에 밤새 기차가 달려도 전혀 인식하지 못하고 평화롭게 잠들 수 있었다. 나에겐 기차 소리가 특별하거나 이질적인 정보가 아니었기 때문에 RAS가 자연스럽게 받아들인 것이다.

문제는 함께 여행하던 친구였다. 그는 어떻게 해도 기차 소리에 익숙해지지 않았다. 밤새 뜬눈으로 보낸 친구는 매우 피곤해 보였다. 시끄러워서 잠을 잘 수가 없었다는 것이다. 게다가 기차가 지나갈 때마다 침대가 흔들리고 그럴 때면 건물이 무너질 것 같아 두려웠다고 말했다. 친구의 RAS는 기차 소리를 받아들이지 않았다. 같은 정보라도 RAS는 그것을 긍정적으로 받아들이기도 하고 부정적으로 받아들이기도 한다.

그렇다면 이런 질문을 해볼 수 있겠다. 당신의 RAS는 부정적인 것에 맞춰져 있는가? 아니면 긍정적인 것에 맞춰져 있는가?

만일 당신이 평소에 긍정적인 이상과 정서를 간직했다면 RAS는 긍정적인 정보를 발견할 것이다. 좋은 것을 보고, 감격하고, 존경하다 보면 우리 인생에서도 주로 그런 것들이 보인다. 인간관계에서도 상대방의 좋은 점만을 발견하려 한다면 그 사람에게 호감을 느낄 것이고, 그 역시 자신에게 긍정적인 기운을 내뿜는 당신에게 친밀함을 느끼게 된다. 좋은 생각만 하고 삶과 미래에 대한 불평보다는 희망을 이야기한다면 삶에서 멋진 것을 발견하게 된다. 이것이 바로 행복이 되고 다시 도돌이표로 돌아가 또 다른 행복의 원동력이 된다.

하지만 당신이 부정적인 성향을 강조한다면 RAS는 원하지 않는 것을 계속해서 포착해 당신의 의식에 밀어 넣는다. 그로 인해 보고 싶지 않은 것, 경험하고 싶지 않은 것이 당신 앞에 계속해서 나타난다. 수많은 사람들이 똑같은 실수를 반복해서 저지르는 것도 바로 이 때문이다. 당신의 RAS는 어떻게 프로그래밍 되었는가?

만일 당신이 삶에 아무런 도움도 되지 않는 습관이나 불행한 일에 초점을 맞춘다면 그것들이 모두 RAS를 작동시키는 계기가 된다. 부정적인 것들이 당신의 레이더에 걸리게 된다. 이는 당신이 자체발광할 수 있는 정보를 알아차리지 못하게 되는 것과 같은 의미다. 그리고 무엇보다 중요한 것은 당신이 초점을 바꾸지 않는 한, 삶은 재미없고 즐겁지도 않으며 유쾌한 일도 없다는 사실이다. 즉 나는 불행해질지도 모른다고 걱정하면 결국 진짜 그렇게 된다. 걱정은 원하지 않는 일을 일어나게 해달라고 비는 기도인 셈이다. 행복해지고 싶다면 행복한 인생을 그리고 믿어야 한다.

자신도 모르게 부정적인 RAS를 작동시킨 사람이라면 미국의 유명한 심리학자 다니엘 골먼Daniel Goleman의 '변연계 잠그기'를 추천한다. 변연계란 감정을 우아하고 전문적인 단어로 표현한 것이다.

따라서 '변연계 잠그기'는 곧 '감정 잠그기'라고 할 수 있다.

14일 동안 부정적인 감정을 잠그고 자신과 주변 사람들을 행복하게 만들어주는 것이다. 오늘 당신이 무슨 일을 하고 어떤 감정을 느끼든 그것이 영원히 반복된다고 상상해 보자. 그리고 이러한 상상에 기초해 행동한다. 출근길에 급히 자동차를 몰다가 교통체증에 짜증이 나기 시작했다면 잠시 마음을 잠그고 다시 생각하자. 당신은 급하게 서두르고 짜증을 내는 일이 영원히 반복되기를 원하는가? 아닐 것이다. 잠시 마음의 여유를 갖고 음악이라도 틀어보자. 아니면 누군가를 위해 기도해도 좋다. 한 번이라도 사랑을 실천한다면 그 행위가 무한히 반복돼 겹쳐진다는 사실을 기억하자.

매 순간을 소중히 여기고 최선을 다하라. 물론 나도 모르게 '언제나 돌아오는 수요일인 걸, 뭐' 하는 식의 생각에 빠져들 때가 많을 것이다. 하지만 오늘이 영원히 반복되리라는 점을 상기하라. 함부로 생각하거나 행동하지 말고 나쁜 감정이 올라올 때면 물이 새는 수도꼭지를 잠그듯 감정을 잠가라.

물론 당신의 의도와는 상관없이 하루가 순조롭지 않을 수도 있다. 하지만 그렇다고 해서 실수를 곱씹으며 우울해한다면 그 상황은 영구히 되풀이될 것이다. 즉시 우울한 생각을 멈춰라. 그리고 배움의 기회로 받아들여라. 이를 계속하다 보면 첫날 얻은 깨달음을 통해 둘째 날은 보다 나은 하루를 맞이하게 될 것이고, 셋째 날은 그보다 더 나은 하루를 맞이하게 될 것이다. 감사하게도 우리에게는 스스로를 변화시키고 빛나게 할 능력이 있다.

매 순간 나와 주변 사람들의 행복을 위해 할 수 있는 일이 무엇인지 자신에게 물어보아라. 대답은 언제나 단순하다. '더 많이 미소 짓기', '더 많이 칭찬하기', '사람들의 이야기를 진심으로 들어주고 더 많은 시간 함께 하기' 정도면 충분하다.

감정 잠그기를 할 때 내가 가장 즐겨하는 방식은 정기적으로 '무작위 친절'을 베푸는 것이다. 이쯤에서 '세번교Severn Bridge' 이야기를 들려줘야겠다.

긍정적인 사고는 무엇을 가능하게 할까?

어느 날 카디프에서 강연을 하기로 한 나는 세번교를 지나야 했다. 영국의 브리스틀 해협을 가로지르는 세번교는 통행요금을 징수하는 다리다. 카디프로 떠나기 전날 나는 무작위 친절의 실천을 세번교를 건널 때 뒤따라오는 자동차의 통행료까지 대신 내는 것으로 정했다. 집을 나서자 서서히 흥분되기 시작했다. 브리스틀에서 통행료 안내 표지판을 보기 전까지만 해도 내 얼굴에는 미소가 가시지 않았다. 그런데 통행료가 무려 6파운드였다. 통행료가 기껏해야 1파운드 정도일 거라고 생각했던 나는 깜짝 놀랐다. 순간적으로 갈등에 싸였다. 침을 꿀떡 삼키고 얼굴을 찡그리며 잠시 고민했지만 결심을 지키기로 했다. 감정 잠그기를 실천하는데 통행료가 좀 비싸면 어떠랴 하는 마음이었다.

자동차가 톨게이트에 다다랐을 때 요금을 징수하는 사람에게 6파운드를 건넸다. 그녀가 돈을 받았고 차단기가 올라갔다. 나는 지갑을 뒤져 6파운드를 꺼낸 후 다시 그 직원에게 건네주며 이렇게 말했다.

"뒤차 통행료를 대신 내주고 싶어요."

그러고는 활짝 웃었다.

그녀는 놀란 모양이었다. 도끼를 든 살인마를 봤다고 해도 이보다는 나은 반응을 보일 것이다. 그녀는 짐짓 화가 난 듯한 목소리로 "무엇 때문에 그러시는 거죠?"라고 물었다. 어쨌든 나 때문에 뒤차들이 통과하지 못하고 있었으니 말이다.

"날씨가 좋잖아요. 누군가가 생각지 못한 행운에 즐거운 하루를 보내도록 해주고 싶어요."

"본인 자동차의 통행료만 내면 돼요."

무작위 친절의 의도를 알아차리지 못한 그녀가 말했다. 나는 다시 설명하기 시작했다. 윗입술에 땀이 맺혔다. 누군가를 위해 좋은 일을 한다는 것은 생각보다 훨씬 어려웠다. 뒤차가 참지 못하고 빵빵거렸다.

'이건 무슨 상황이지? 내가 대신 통행료를 내주려고 하는 사람이 바로 뒤차 운전자 당신인데! 나는 내가 친절을 베풀 사람이 이왕이면 고마워할 줄 아는 마음 따뜻하고 상냥한 사람이었으면 좋겠어. 당신처럼 성질 급한 사람 말고!'

어쨌든 나는 내 의도대로 했다. 결국 그녀는 내가 건네는 6파운드를 받았고 나는 미소를 지으며 톨게이트를 통과했다. 그리고 카디프로 가는 내내 내 얼굴에는 미소가 끊이지 않았다. 기분이 너무 좋았다. 나로 인해 누군가가 기분 좋은 하루를 보낼 것이다. 그렇지 않을까? 통행료를 받은 그 여자가 내 돈을 챙겨서 맛있는 샌드위치라도 사 먹거나, 아니면 참을성 없던 뒤차 운전자가 공짜로 통과하거나 했을 테니 말이다.

아니면 뒤차 운전자가 통행료를 내려고 했을 때 요금 징수 직원으로부터 내가 대신 돈을 내주었다는 말을 듣고 미소를 지으며, 다른 뒤차 요금을 대신 내주었을지도 모른다. 그리고 그런 식으로 운전자마다 뒤차 요금을 대신 내주는 호의를 베푸는 것이다. 친절과 배려의 연속이라니! 환상적이다.

무작위 친절은 다양한 형태와 형식으로 이루어질 수 있다. 지난 1년 동안 나는 여러 가지 무작위 친절을 실천해 왔다. 정말 재미있었다. 나도 모르게 새치기를 했음을 알고서는 뒷사람에게 맥도널드 햄버거를 사준 적도 있었고, 직접 케이크를 만들어 사무실에 가져간 적도 있었다. 슈퍼마켓에서 계산을 하려고 줄을 서 있을 때 앞에 다른 사람을 끼

위주기도 했다. 친절을 베풀 때마다 돈이 드는 건 아니다. 이웃 사람이 휴가를 가서 집을 비운 사이 그 집 잔디를 깎아준 적도 있다. 그럴 때마다 정말 기분이 좋았다.

이런 행동은 누구나 할 수 있는 것들이다. 감정 잠그기는 단순하다. 앞으로 14일 동안 가능한 많은 사람들에게 친절과 배려라는 영감을 불어넣기만 하면 되는 것이다. 습관이 들 때까지 책임감 있게 실천해 보도록 하라. 아마 당신의 행복을 찾게 될 것이다.

무작위 친절의 예(돈이 들지 않는 것부터 낮은 금액 순)

- 운전할 때 내 차 앞에 다른 차 끼워주기.

- 한 시간 동안 근처 학교에서 아이들에게 책 읽어주는 자원봉사하기.

- 식기세척기에서 그릇 꺼내놓기.

- 슈퍼마켓에서 줄을 설 때 다른 사람 끼워주기.

- 이웃집 잔디 깎아주기.

- 부모님께 감사하기.

- 누군가 안아주기(그렇다고 공원에서 모르는 사람을 안지는 말길).

- 누군가에게 멋진 신발을 신었다고 칭찬하기.

- 뛰어난 고객 서비스를 하는 사람에게 서비스가 뛰어나다고 말하기.

- 다른 사람의 주차료 대신 내주기.

- 꽃을 사서 모르는 사람에게 주기.

- 누군가의 책상에 '좋은 하루'라고 쓴 메모와 함께 초콜릿 올려놓기.

- 연인의 차를 몰래 세차해 주기.

- 스타벅스에서 다음 사람의 커피를 대신 사주기.

- 나이 든 이웃을 위해 대신 쇼핑해 주기. 그럴만한 돈이 없다면 잠시 들러서 대화 나누기.

- 케이크를 만들어 사무실에 가져가기. 아니면 건강을 위해 과일 한 그릇 가져가기.

- 복권을 사서 이웃집 자동차 와이퍼에 끼워놓기.

- 바쁘지만 쉴 필요가 있는 아내의 우편함에 스파 이용권 집어넣기.

Chapter 11

인생의 90%는 바꿀 수 있다

당신은 잘못된 곳에 초점을 맞추고 있었다.

문득 떠오를지도 모른다는 가능성은
조금도 생각나지 않았다.

더글러스 애덤스

일어나자마자 아침식사를 준비하고, 청소를 하고, 쓰레기 분리 수거를 하고, 빨래를 하고, 또 다시 집안을 정리하고, 아이들이 학교에서 돌아왔을 때 먹을 점심식사를 준비하고…. 또는 일어나자마자 회사에 출근해 기획서를 작성하고, 회의에 참석하고, 프레젠테이션 준비를 하고, 외근을 다녀온 뒤 보고서를 작성하고, 하루 종일 상사의 눈치를 살피고….

우리는 남들보다 앞서야 한다는 생각에 사로잡혀 있다. 때문에 매 순간 급한 마음에 쫓기듯 중압감에 억눌린 생활을 계속하는 중이다. 무엇이든 남들보다 빨라야 한다는 중압감은 신경을 자극한다. 부정적 자극이 계속될수록 신경은 더욱더 긴장한다. 나중에는 신경계의 손상이 누적돼 우리의 생각과 행동이 아예 초조함으로 굳어져 버린다.

따라서 언제 어디서나 빠릿빠릿하게 움직이려 하고, 잠시 쉬는 시간이 찾아와도 불안해하며 무엇이든 더 많이, 더 열심히 하고자 애쓴다. 삶에 가속도가 붙은 듯 정신없는 모습이 바로 지금 우리의 모습이다. 잠깐 편안한 소파에 몸을 기대고 다리를 쭉 뻗어 온몸의 긴

장을 푼 채 아무 생각도 하지 않고 창밖을 물끄러미 쳐다본 지 얼마나 되었는가? 좋아하는 음악을 크게 틀어놓고 고개를 까딱거리며 신나게 따라 부른 게 언제인지 기억나는가?

몸과 마음에 여유를 선물할 시간이 생겨도, 주어진 일보다 더 많은 것을 해내야 한다는 강박관념에 괴로워하지는 않는가? '어차피 할 일은 해야 한다. 그렇다면 시간이 주어진 지금 당장 해치워버리는 게 좋지 않을까?'라고 생각해 본 경험이 있는가? 그렇다면 당신은 스스로를 통제하지 못하는 삶을 살고 있다. 어쩌면 삶에 끌려다니고 있다는 표현이 더 잘 어울릴지도 모르겠다. 자신에게 휴식을 허용하려 하지 않는 것은 휴게소도 없이 앞만 보고 달려온 자신을 스스로 다스릴 수 없게 됐다는 뜻이다. 빠르게 달리는 자동차는 멈추기 어렵다. 우리 마음도 마찬가지다. 광적인 질주 상태에서는 통제가 불가능하다. 마음이 이끄는 대로 행동하는 우리는 무의식적으로 스스로를 힘들고 지치게 하고 있다.

어쩌면 '나를 이렇게 만든 건 세상이다'고 슬쩍 책임을 피하려 할지도 모르겠다. 하지만 내가 변하지 않으면 세상도 변하지 않는 법이다. 이 세상은 이미 너무도 빨리 변하고 있다. 다만 당신이 그 변화를 눈치채지 못하고 어리석은 행동을 반복하고 있을 뿐이다.

당신은 "내 삶에서 가장 중요한 것은 무엇인가?"라는 질문에 답할 수 있는가? 이 질문을 듣고 가장 먼저 어떤 생각이 떠올랐는가?

나는 때때로 조용히 혼자만의 시간을 갖고 이 질문에 대한 대답을 연습한다. 생각을 정리하는 데 목록만 한 것이 없다. 종이 한 장을 앞에 두고 가족이나 친구들, 돈, 직장동료, 나 자신, 행복, 건강, 영화, 예술, 음악, 맛있는 음식 등 떠오르는 것을 모조리 적는다. 저마다 다른 대답을 할 것이다.

이때는 생각나는 그대로 솔직하게 쓰는 것이 중요하다. 누구도 당신이 중요하게 여기는 것을 가지고 이기주의자나 자기중심적인 사람이라고 판단하지 않을 것이다. 그러니 나에 대해 자신 있게 표현하라.

일단 목록이 완성되면 다시 한번 살펴보자. 그리고 좀 더 중요한 순서대로 내용을 분류해본다. 목록 위에는 내 인생에서 가장 중요한 것을, 다음에는 가치 있는 것을, 마지막으로 유용한 것을 적어라. 정리가 끝났다면 목록을 외울 차례다. 이제부터 당신 머릿속에는 자신의 삶에 의미를 부여하는 데 필요한 것이 들어 있다.

곰곰이 생각해 보라. 당신은 하루 대부분을 무엇을 하며 보내는가? 가장 중요하다고 적은 일을 하는가? 아니면 적어도 가치 있는 일인가? 한 가지 확실한 것은, 덧없고 부수적인 것에 끊임없이 빠져 있다는 사실이다. 흔히 말하듯 밥벌이에 치여 자신의 삶을 잃어버린 것이다. 그 때문에 시간이 끊임없이 우리에게서 빠져나간다는 달갑지 않은 느낌이 들 때가 많다. 시간은 달아나고 달아난다. 어디로 가는지 우리는 결코 알 수 없으며, 그저 흘러가는 대로 내버려 둘 뿐이다. 동시에 우리 자신도 휩쓸려간다. 하지만 우리는 이렇게 수동적이고 재미없는 인생을 살기 위해 태어난 존재가 아니다.

재미없고 바쁘기만 한 인생을 살아가는 사람이라면 꼭 알아야 할 것이 있다. 바로 '10-90법칙'이다. 이는 '인생의 10%는 당신에게 벌어지는 일들로 구성되고 나머지인 인생의 90%는 그 10%에 대한 당신의 반응에 따라 결정된다'는 내용의 재미있는 법칙이다.

이는 무엇을 의미하는 것일까? 우리 인생에서 벌어지는 10%의 일은 우리가 어찌할 수 없는 불가항력의 일이다. 살면서 한 번쯤은 자동차가 고장 나거나 타이어가 펑크 나는 일을 겪게 될 것이다. 운전을 하다 보면 누군가 앞으로 끼어드는 사람도 있을 것이고, 도로가 꽉 막히는 바람에 중요한 약속 시간에 늦는 일도 생길 것이다. 때로는 아이들이 말썽을 피우거나 세탁기가 고장 나 바닥이 물바다가 될지도 모른다. 나와 맞지 않는 직장동료 때문에 우울한 하루를 보내는 사람도 있을 것이다. 이런 10%의 일이 벌어지는 것은 어쩔 수 없다. 미리 막을 수도 없고, 언제 어디서 어떤 일이 벌어질지 모른

에릭은 증기 컨벤션에 가기 위해 전속력으로 달리고 있었다.

채 살아가야 한다. 그것이 인생이다.

하지만 나머지 90%는 다르다. 나머지 90%는 당신이 만드는 것이다. 이때는 긍정적인 선택이 중요하게 작용한다. 당신에게 벌어지는 일들에 대한 당신의 반응은 앞으로의 인생을 원하는 방향으로 바꾸는 큰 열쇠다.

시간이 없는데 신호가 빨간 불로 바뀌는 것을 당신이 통제할 수는 없다. 하지만 빨간 불로 바뀌어버린 상황에 대한 당신의 감정은 스스로 통제할 수 있다. 출근 시간에 당신의 자동차 앞에 끼어들어 신호등에 걸리게 만든 운전자를 당신이 어쩔 수는 없다. 하지만 그에 대한 당신의 감정 또한 스스로 통제할 수 있다.

세탁기가 고장 나 물이 샌다는 사실을 당신이 바꿀 수는 없다. 하지만 지금 이 상황을 어떻게 받아들일지는 스스로 결정할 수 있다. 어쩔 수 없는 일을 어떻게 생각하고 받아들일 것인지는 모두 당신 스스로 선택할 수 있다.

가족들과 함께 아침 식사를 하는 모습을 상상해 보자. 딸아이가 장난을 치다가 커피를 쏟는 바람에 와이셔츠에 커피가 묻었다. 이미 벌어진 이 사건을 당신의 힘으로 바꿀 수는 없다. 그러나 그로 인해 다음과 같은 일들이 벌어질 수는 있다.

- 뜨거운 커피가 엎질러졌기 때문에 당신은 의자에서 일어선다.
- 그러고는 화를 낸다.
- 컵을 쓰러뜨린 딸아이를 야단친다.
- 딸이 울음을 터뜨린다.
- 아이를 야단치고 난 후 컵을 왜 그렇게 위험한 장소에 두었느냐며 아내에게 잔소리한다.
- 아내와 짧은 말다툼을 벌인다.
- 위층으로 올라가 와이셔츠를 갈아입는다.
- 다시 내려오니 딸아이가 우느라 아침 식사도 제대로 하지 못한 채 학교에 가려고 한다.
- 그런데 딸의 스쿨버스가 이미 떠나버렸다.

- 아내는 서둘러 출근을 해야 한다.

- 당신은 딸을 학교에 데려다 주기 위해 서둘러 운전한다.

- 늦었기 때문에 제한속도 50km인 곳에서 시속 77km로 달린다. 그러다 교통경찰에게 발각된다.

- 60파운드짜리 교통 범칙금을 끊고 나서 등교 시간보다 15분 늦게 학교에 도착한다.

- 딸은 인사도 하지 않고 서둘러 학교로 들어가 버린다.

- 당신은 출근시간보다 30분 늦게 도착한다. 도착한 뒤에야 중요한 서류를 집에 두고 왔다는 사실을 알아차린다.

- 아침 일찍 안 좋은 일을 겪고 난 당신은 시간이 지날수록 점점 더 안 좋은 일들만 생기는 것 같은 기분이 든다.

- 어서 퇴근 시간이 되기만을 기다린다. 집에 돌아오니 아내와 딸과의 사이가 서먹해져 버렸다.

여기서 생각해야 할 중요한 문제는 '무엇 때문에 당신이 힘든 하루를 보냈는가?'다.

A) 커피 때문에?

B) 딸 때문에?

C) 경찰 때문에?

D) 당신 자신 때문에?

10-90 법칙대로 생각한다면 정답은 D다. 커피가 쏟아진 사실에 대해서는 당신도 어쩔 수가 없다. 그렇지만 딸아이가 커피를 쏟고 난 후 5초 동안 당신이 어떤 반응을 보이느냐에 따라 힘든 하루가 될 수도 있고 그렇지 않을 수도 있다.

똑같은 상황에서 다음과 같은 긍정적인 선택을 한다면 상황이 어떻게 변할지 살펴보자.

- 당신에게 커피가 쏟아진다. 커피가 뜨거웠기 때문에 당신은 자리에서 일어선다.
- 딸아이의 얼굴이 울상이다.
- 당신은 "괜찮아. 실수로 그런 건데 뭐. 별것 아니니 걱정하지 말아라. 대신 다음엔 좀 더 조심하도록 해. 아빠는 가서 셔츠를 갈아입을 테니까 테이블 좀 닦고 있을래?"라고 다정하게 말한다.
- 당신은 서둘러 위층으로 올라간다.
- 새 와이셔츠와 서류 가방을 손에 들고 아래층으로 내려오니 쏟아진 커피가 말끔하게 닦여 있다. 창문 밖을 보니 딸이 스쿨버스에 오르고 있다. 딸아이는 뒤를 돌아보고 미소를 짓더니 버스에 올라탄다. 버스가 출발하자 딸이 손을 흔든다.
- 당신은 출근시간도 되기 전에 회사에 도착하고 직원들에게 활기차게 인사를 한다.

● 그런 당신을 보더니 상사가 기분이 좋은 모양이라고 말한다.
당신의 팀은 활기차게 업무를 시작한다.

차이를 알겠는가? 하루의 시작은 똑같았지만 당신이 어떤 선택을 하느냐에 따라 결과는 크게 달라질 수 있다. 중요한 것은 '계기(쏟아진 커피)'와 당신의 '반응(첫 번째 시나리오에서는 화를 낸 것, 두 번째 시나리오에서는 차분하게 대응한 것)' 사이의 관계다.

커피가 쏟아진 일은 '계기'에 해당된다. 쏟아진 커피로 인해 자동적으로 느끼는 '감정'은 짜증과 분노였다. 그로 인해 공격적이고 짜증나는 '행동'을 하게 된 것이다. 그 '결과' 하루 종일 안 좋은 일만 겪게 되었다. 10-90 법칙을 이해한다면 우리 스스로의 감정을 통제하기 시작할 수 있으며 그로 인해 다른 행동과 결과를 낳을 수 있다.

10-90 법칙은 매우 단순하다. 그럼에도 실제로 이 법칙을 생활에 적용하는 사람은 매우 드물다. 캠핑을 하는데 비가 퍼붓는다거나 마트에서 오랫동안 줄을 서있어야 할 때, 차가 막히는 길에서 누군가 앞으로 끼어들 때 당신은 어떻게 반응하는가? 이런 사건들을 우리 힘으로 바꿀 수는 없지만 그에 대한 우리의 반응은 우리 스스로 바꿀 수 있다. 늘 긍정적이고 즐거워 보이는 사람들은 자신의 인생에서 벌어지는 10%의 일에 끌려다니는 것이 아니라, 90%를 직접 자신이 원하는 방향으로 이끄는 삶을 사는 것이다.

나 역시 10-90 법칙을 실험해 본 적이 있다. 나는 원래 모든 일을 회의적인 시선으로 바라보는 경향이 있었다. 하지만 이 법칙에 대해 듣고 나니 정말 안 좋은 상황에서 스스로 행복을 찾아낼 수 있는지 궁금해졌다. 어느 날 그것을 입증할 기회가 생겼다.

남아프리카에서 일할 수 있는 행운을 얻게 된 나는 히스로우 공항 터미널에서 비행기 탑승 시간을 기다리던 중이었다. 탑승 시간 30분 전 공항 내 '삥뽕' 하는 소리가 울려 퍼지더니 한 여성이 씩씩한 목소리로 요하네스버그로 가는 비행기가 에어컨 고장으로 인해 2시간가량 지연될 예정이라고 방송했다. 같은 비행기에 탑승하는 250명의 승객 전원이 방송을 한 항공사 직원에게 한꺼번에 달려가 항의하기 시작했다.

"무슨 고객 서비스가 이 모양이에요?"

화가 난 한 남성이 외쳤다.

"정말 불쾌하군요."

또 다른 승객이 소리쳤다.

"내가 다시는 브리티시 에어웨이 타나 봐라."

이런 말까지 들렸다.

하지만 나는 짐짓 미소를 지으며 책을 펼쳐 들었다. 비행기의 에어컨 상태를 내가 어떻게 할 수는 없었다. 나에게 어찌할 수 없는 10%의 일이 벌어진 것이다. 그러나 10-90 법칙에 따르면 그에 대

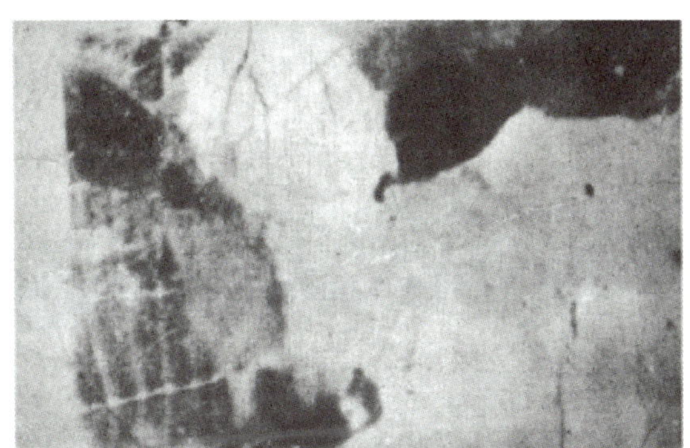

한 나의 반응을 내 마음대로 바꿀 수는 있었다. 나는 화를 내지 않기로 결심했다. 주변에 있는 사람들의 혈압이 올라가고 있는 와중에도 나는 좋은 기분을 유지할 수 있었다. 게다가 마침 책에서 가장 재미있는 부분을 읽고 있던 참이었다. 이상하게 들릴지 모르겠지만 나는 출발시간이 지연되었음에도 불구하고 즐겁게 보낼 수 있었다!

이제 와 생각해 보면 긍정적으로 살겠다고 결심하는 것이 당연하고 마땅하다. 하지만 나는 36년 동안 그런 결심을 하지 않은 채 살아왔다.

아마도 당신은 위의 그림이 무엇인지 몰라 고민하고 있을 것이다. 중요한 것은 이 그림이 나타내는 것이 무엇인지 딱 한 번만 제대로 확인하고 나면 그 후로는 계속 분명하게 보인다는 사실이다. 이 그림은 젖소의 얼룩을 가까이에서 찍은 것이다.

긍정적인 삶을 선택하는 것도 이와 마찬가지다. 누구나 긍정적으로 살아야 한다는 것을 알고 있다. 하지만 그것은 누군가가 그 사실을 일깨워주거나 돋보기를 보듯 가까이서 직접 부딪혀보지 않으면 알 수 없다. 다행인 것은 인생의 90%를 스스로 선택하고 바꿀 수 있으니 아주 약간의 용기만 있다면 누구나 즐겁고 기분 좋은 삶을 살 수 있다는 것이다.

Chapter 12

행복해지는 데는
4분이면 충분하다

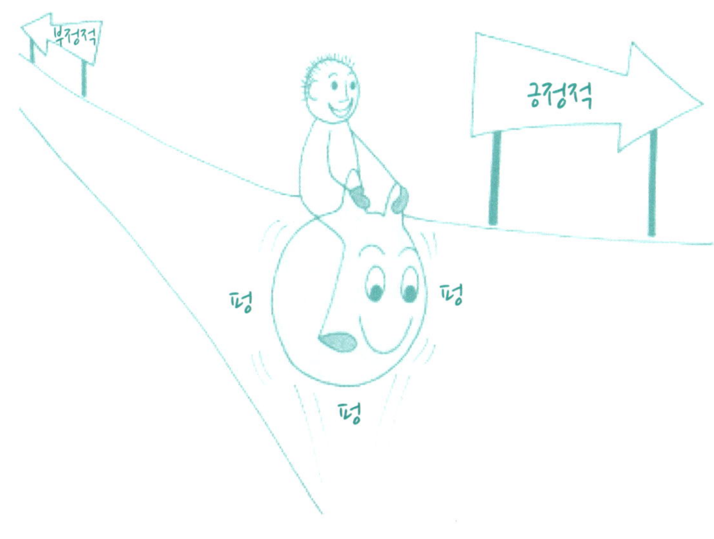

스스로 기운을 차리는 가장 좋은 방법은
다른 사람의 기운을 북돋아주는 것이다.

마크 트웨인 Mark Twain

맑은 물이 담긴 그릇에 한 방울의 검은색 잉크를 떨어뜨려보자. 어떻게 될까? 아주 서서히 맑은 물이 점점 검은색으로 변하는 것을 확인할 수 있다. 맑은 물이 담긴 그릇을 우리의 삶이라고 하면, 검은색 잉크 한 방울은 당신의 말과 행동, 생각 등 당신을 구성하는 모든 것이다. 당신의 삶을 변화시키는 커다란 영향력인 셈이다.

만나는 모든 사람들에게 영향을 주는 것, 이것은 인간관계의 매우 기본적인 법칙 중 하나다. 이 세상에 존재하는 모든 인간은 모두 자신만의 영향력을 가지고 있다. 회의 시작 전 당신이 회의실 안으로 들어가면 당신의 존재 자체가 그곳에 모인 사람들에게 영향을 준다. 그것이 좋은 쪽이든 나쁜 쪽이든 말이다. 언젠가 상사가 자신의 부하직원을 평가한 보고서를 본 적이 있다. 보고서에는 '이 직원이 없어야 회의 분위기가 좋다'라고 쓰여 있었다. 말하지 않아도 그 직원의 영향력이 어떤 쪽인지 알 것이다.

이 책에서는 제발 회의 시간에 들어오지 않았으면 하는 쓸모없는

영향력이 아니라, 자체발광으로 누구에게나 필요한 존재이자 행복을 전달하는 존재가 되는 긍정적인 영향력을 전하는 방법을 살펴보려 한다.

우리의 마음은 기본적으로 '계기-감정-행동-결과'라는 4단계를 거친다. 첫 번째 과정인 '계기'는 매일매일 수도 없이 발생한다. 당신에게 벌어지는, 또는 당신이 벌이는 모든 일이 곧 계기다. 그런 계기에 대해 우리는 특정한 감정을 갖게 된다. 그리고 감정이 이끄는 대로 행동한다. 이 행동이 모든 결과를 결정한다.

영국인에게 특정한 감정을 불러일으키는 가장 큰 계기는 날씨다. 영국은 지긋지긋할 정도로 비가 많이 내리는데, 특히 겨울에 내리는 음침한 비는 꽤 영향력이 크다. 비가 내려 춥고 어두운 2월의 어느 월요일 아침을 예로 들어보자. 알람이 울리면 사람들은 춥고 무거운 공기 때문에 축 처진 몸과 마음을 억지로 깨운다. 마치 고약한 날씨가 등에 달라붙은 것처럼 느릿느릿 일어난다. 비가 내리는 창밖을 보면서 고약한 하루가 시작됐다며 투덜거리는 사람들은 하루 종일 그런 감정으로 보내게 된다. 그리고 그 감정이 이끄는 대로 행동하고, 그 감정대로 무겁고, 어둡고, 가라앉은, 어딘지 불쾌한 영향력을 발휘한다.

예전에 나는 일요일 아침이면 조기축구를 했다. 그때마다 '행운의 팬티'를 입었다. 행운의 팬티를 입은 날이면 항상 골을 넣었기 때문이다. 그래서 그 팬티가 떨어질 때까지 일요일에는 무조건 입었다. 팬티를 버리고 난 뒤에는 단 한 번도 골을 넣지 못했다.

사실 그 팬티가 처음부터 행운의 팬티는 아니었다. 2주 연속 일요일 조기축구에서 골을 넣었는데 그때마다 같은 팬티를 입고 있었다는 사실을 알게 됐다. 이것이 계기가 되어 축구를 할 때는 무조건 그 팬티를 입어야 한다는 사명감이 생겼다. 마치 수호신처럼 그 팬티를 입은 날이면 마음이 든든했는데, 덕분에 발걸음도 가벼워 골을 넣었던 것은 아닐까 하는 생각이 든다. 경기에서 멋지게 골을 넣은 날에는 저절로 콧노래가 나오곤 했으니 '행운의 팬티'는 나에게 긍정적인 영향력을 주는 계기임이 틀림없었다.

이처럼 매일매일 벌어지는 계기에 따라 우리 삶은 달라진다. 하지만 우리가 잊고 지내는 것이 있다. 바로 당신 자신이 가장 중요한 계기라는 사실이다. 당신의 말투, 표현 방식, 발음, 걸음걸이, 회의에서 하는 행동이나 자세, 집에 가서 하는 말…. 이 모든 것이 당신의 주변 사람들에게 감정을 불러일으키는 계기가 된다. 그리고 주변 사람들이 당신의 모든 계기로부터 느끼는 감정은 그들의 행동을 낳고 결과로 이어진다. 다시 한번 강조하지만 주변 사람들에게 영향을 주지 않는 방법은 없다.

때로는 소리가 '계기'가 되는 경우도 있다. 음악은 행복, 슬픔, 사랑, 휴가 때의 기억 등을 떠올리게 한다. 음악은 특히 감정을 분출하는 데 매우 커다란 계기가 되기 때문에 종종 엄청난 영향력을 행사하고는 한다.

1933년 헝가리 출신의 피아니스트이자 작곡가인 한 남자가 약혼녀와 이별하는 아픔을 다스리고자 노래를 만들었다. 노래는 이별하는 남자가 절망하다가 죽음을 선택한다는 내용이었다. 그런데 3년 뒤 한 남자가 이 노래의 가사를 인용한 유서를 써놓고 자살했다. 이 사건을 시작으로 노래를 들은 사람들이 자살하는 일이 연속적으로 벌어졌다. 어느 거리의 밴드가 이 곡을 연주하는 동안 행인 두 명이 권총 자살을 하거나, 늦은 밤 클럽에서 이 곡을 들은 젊은이들이 헝가리 부다페스트를 가로지르는 강에 몸을 던지기도 했다. 누군가 자살했다는 소식을 듣고 경찰이 출동하면 현장에는 이 곡이 담긴 앨범이 놓여 있는 경우도 많았다.

놀라운 것은 헝가리 부다페스트에서 시작된 자살이 독일의 베를린까지 번져간 것이다. 상황이 점점 심각해지자 부다페스트 전역에서 이 곡의 방송불가 판정을 내렸다. 영국의 BBC 방송도 가사가 담긴 곡은 틀지 않기로 했다. 그럼에도 자살은 계속됐다.

헝가리에서만 187명을 자살로 이끈 이 곡은 레조 세레스Rizso Seress의 〈글루미 선데이〉다. 원본 악보를 헝가리 당국이 폐기하고 나치도 전량 회수했을 정도로 강력한 영향력을 가진 이 노래는 세계적으로 유명해지면서 '죽음을 부르는 노래' 혹은 '자살 찬가'라 불렸다.

사실 세레스는 처음 이 노래를 '세상의 끝'이라는 뜻의 'Vege a vilagnak'라는 이름으로 발표했다. 하지만 여기에 당시의 시인인 라즐로 자보Ladislas Javor가 우울한 노랫말을 붙이면서 널리 퍼져나갔다. 놀라운 사실은 세레스가 이 곡을 쓰게 된 계기가 되었던 약혼녀도 자살했다는 사실이다. 독약을 먹고 자살한 그녀는 약병 옆에 '글루미Gloomy'와 '선데이Sunday'를 쓴 메모지 한 장을 남겼다. 이후 세레스는 이 곡을 〈글루미 선데이〉라 불렀다.

사랑했던 여인의 죽음에 커다란 충격을 받은 세레스는 자신이 만든 곡 때문에 수많은 사람들이 목숨을 버리고 있다는 소식을 듣고 낙담한다. 남의 생명과 맞바꾼 곡으로 벌어들인 돈은 사용할 수 없다면서 저작권료를 기부하는 등 나름 속죄했으나, 자살을 부르는 곡을 만들었다는 싸늘한 시선을 견디지 못했다. 결국 세레스 역시 자살하고 말았다. 그의 이별이 계기가 되어 곡이 만들어졌고, 그 곡은 수많은 사람들에게 우울함이라는 감정을 불러일으켰다. 이는 다시 자살이라는 행동으로 이어지면서 끔찍한 결말을 낳았다. 이 모든 계기를 제공한 작곡가 세레스는 자신을 따라다니는 매몰찬 시선을 견디지 못하고 괴로워하다가 스스로 생을 마감했다. 한 사람의 이별이라는 계기가 수많은 사람들에게 영향력을 행사하고 그것이 돌고 돌아 결국 그에게 부메랑처럼 되돌아온 셈이다. 이처럼 우리는 늘 누군가에게 영향력을 행사하거나, 누군가로부터 영향을 받으면서 살아가고 있다.

고백하건대 나는 몇 년 전까지 가족들에게 부정적인 영향력을 내뿜으면서 살았다. 나와 아내는 모두 엄청나게 많은 일을 한다. 특히 아내는 11살부터 18살짜리 학생들을 가르치는 교사다. 감정이 예민한 시기의 아이들을 상대한다는 것은 힘든 일이기 때문에 집에 오면 아내는 항상 녹초가 되어 있었다. 우리는 매일 집에 돌아오면 30분 동안(때로는 더 길게 할 때도 있다) 누가 더 힘든 하루를 보냈는지 경쟁이라도 하듯 불평을 늘어놓았다. 아내가 먼저 아이들의 형편없는 수업 태도와 상상조차 하기 싫은 장난에 대해 투덜거린다. 그러고는 언제까지 이런 일을 계속 해야 하느냐며 화를 낸다. 그럴 때마다 나는 아내가 하는 말을 듣지도 않고 그저 내 차례가 되기만을 기다렸다. 아내가 한숨 돌리기 위해 말을 멈추는 순간, 나의 불평이 시작된다.

"겨우 그런 일 가지고 난리야? 내가 오늘 무슨 일을 겪었는지 알 기나 해?"

마치 경쟁하듯 얼마나 우울한 하루를 보냈는지 서로에게 털어놓는 것이 우리 일상이 되어버렸다. 순전히 안 좋은 일에만 초점을 맞추면서 말이다. 아이러니한 것은 나는 내 일을 무척이나 사랑하고 있다는 사실이었다. 그러니까 나는 미처 깨닫지도 못하는 사이에 습관적으로 모든 것을 부정적이고 나쁘게 바라보는 사람이 된 것이다.

아내와 일에 대해 이야기할 때면 으레 화를 내거나 스트레스를 받거나 넋두리를 해야 한다는 잘못된 생각 때문에 집에 돌아가는 것이 싫을 정도였다. 아내 또한 우리의 불평불만이 아이들에게 어른이 돼서 일하는 것이 얼마나 끔찍한 것인지를 보여주는 것 말고는 아무런 역할도 하지 못한다는 사실을 깨달았다. 아내와 나는 그저 자신의

번시 수녀는 자신의 습관을 바꾸기로 했다.

일에 대해 불평하는 습관이라는 덫에 걸린 것이었다. 이제는 덫에서 빠져나와야 했다. 다행히도 습관이라는 덫은 '4분 법칙'만 있으면 언제고 탈출할 수 있다.

4분 법칙이란 작가이자 방송인인 스티브 맥더멋Steve McDermott이 《완벽하고 철저한 성공을 위한 청개구리 행동수칙 39.5》에서 설명한 개념이다. 스티브는 이따금 며칠씩 집을 비우고 멀리 떨어진 곳에서 일해야 했다. 집으로 돌아오는 날이면 아내는 꼭 아이들이 아빠가 도착한 것을 보고 난 후에야 잠자리에 들 수 있게 했다. 오랜 시간 이동으로 파김치가 돼서 현관문을 열고 들어서면 아이들은 "아빠, 보고 싶었어요오오오오오오오!"라며 그에게 매달렸다. 그럴 때면 스티브는 자신에게 매달리는 세 아이를 향해 짜증 나는 목소리로 "애들아, 아빠 좀 들어가자. 가방도 좀 내려놓고. 옷도 좀 벗고. 아빠 힘들어. 돌아오는 데 몇 시간이나 걸렸는지 아니?"라고 말하곤 했다.

그러자 그의 아내는 "당신이 계속해서 이런 식으로 아이들을 맞이한다면, 몇 년 뒤에는 아빠가 집에 오든 말든 신경도 쓰지 않을 걸요"라고 말했다. 그 말에 스티브는 짐짓 충격을 받았다. 다음 출장을 끝내고 집으로 돌아올 때 그는 '세상에서 가장 좋은 아빠라면 집에 들어설 때 어떻게 할까?' 하고 생각했다. 그 날부터 스티브는 세상에서 가장 좋은 아빠처럼 행동하기로 결심했다. 문을 열고 집에 들어서

자마자 아이들을 얼싸안으면서 뽀뽀를 한 후 아이들이 너무나도 보고 싶었다고 말했다. 그런데 4분 동안 그러고 나니 아이들이 이제 충분하다는 듯 아빠는 내버려둔 채 다른 방으로 가 버리는 것이 아닌가. 그 사실을 통해 스티브는 '4분 법칙'을 깨닫게 되었다고 한다.

4분 법칙이란 모든 상호작용에서 처음 4분이 가장 중요하다는 것을 의미한다. 당신에게 주어지는 상황에서 4분 동안 어떻게 행동하느냐에 따라 행복해질 수도 있고, 불행해질 수도 있다. 행복해지는 데 단 4분이면 충분하다니, 이보다 더 기쁜 소식이 있을까!

나도 스티브의 4분 법칙을 알게 된 뒤로는 집에 돌아갈 때마다 가족들에게 긍정적인 감정을 불러일으키려 한다. 투덜거리던 오랜 습관을 버리겠다는 의식적이고 의도적인 노력을 하는 것이다. 집에 가면 아이들에게 하루 중에 가장 좋았던 일은 무엇인지 물어본다. 건성으로 물어보는 것이 아니다. 진심을 다해 물어보고 아이들의 대답을 들은 후 그 일에 대해서 아이들과 대화를 나눈다. 이제는 집에 돌아가는 것이 즐거워 절로 웃음이 나온다. 엄마와 아빠가 하루 종일 있었던 일에 대해 불평불만을 터뜨리며 서로의 기운을 뺏는 동안 방안에 숨어 있던 아이들이 이제는 밖으로 나와 엄마 아빠와 함께 즐거운 대화를 나눈다.

긍정적 마음가짐은 오래된 나쁜 습관을 버리는 데 매우 중요하다. 이처럼 우리 삶에 숨어 있는 즐거움을 찾아내는 또 하나의 재료는 바로 '참여'다. 여란 다른 사람들이 긍정적인 선택을 내리도록 도와주는 것을 뜻한다. 엘리자베스 여왕 시대에는 남자들이 조그만 불씨가 담긴 통을 들고 다녔다고 한다. 당시에는 성냥이 발명되기 전이었기 때문에 불이 필요할 때마다 통을 열고 그 안에 든 불씨를 이용해 불을 붙였다. 사실 우리는 모두 불꽃을 가지고 다닌다. 그 불꽃으로 나 자신뿐 아니라 얼마나 많은 사람들을 밝혀줄 수 있을까? 자체발광은 나를 넘어 주변을 빛내는 삶의 기술이다.

마크 트웨인의 소설 《톰 소여의 모험》에서 내가 가장 좋아하는 장면은 톰이 울타리를 페인트칠하는 부분이다. 어느 날 톰은 학교 수업을 빼먹고 수영을 하러 갔다가 이모에게 들킨다. 거짓말을 하고 학교에 가지 않은 벌로 이모는 톰에게 울타리에 흰색 페인트를 칠하라고 명령한다. 높이 2m에 길이가 30m인 울타리를 물끄러미 바라보던 톰은 저 멀리서 이모에게 자신의 거짓말을 고자질한 사촌 동생 시드가 가지런히 빗어 넘긴 머리를 하고 사과를 먹으면서 걸어오는 것을 발견한다.

그때 기발한 생각이 떠오른 톰은 세상에서 페인트칠이 가장 즐겁고 재미있다는 모습으로 신이 나서 울타리에 페인트를 칠하기 시작한다. 그 모습을 유심히 바라보던 시드가 페인트칠이 그렇게 재미있느냐고 묻자 톰은 "나는 세상에서 페인트칠이 제일 좋아. 이렇게 재미있는 게 또 어디에 있겠어. 세상 그 무엇과도 바꾸지 않을 거야"라고 말한다. 시드는 톰에게 나도 한번 페인트를 칠해 보면 안 되겠냐며 묻는다. 하지만 톰은 절대 안 된다면서 꼼짝도 하지 않는다. 시드가 다시 한번 조르자 톰은 시드 손에 든 사과를 주면 시켜주겠다고 말한다. 시드는 순순히 톰에게 사과를 넘기고 신이 나서 울타리에 페인트를 칠한다. 톰은 그늘에 앉아 사과를 먹으면서 그 모습을 지켜본다.

어느새 동네 꼬맹이들이 몰려와 신이 난 시드를 보고는 페인트칠 한 번만 시켜달라며 톰에게 애원한다. 물론 톰은 매몰차게 거절한다. 아이들이 계속해서 조르자 톰은 마치 놀이공원의 입장료를 받듯 아이들에게 돈을 조금씩 받고는 페인트칠을 허락한다. 그리고 시드와 동네 아이들은 옷에 페인트를 묻혀가며 즐겁게 울타리를 칠한다. 울타리 페인트칠의 즐거움을 발견한 아이들에겐 어느새 재미있는 놀이가 되어 있다.

톰은 부정적인 경험을 긍정적인 경험으로 바꾸어놓는 데 천부적인 재능을 가진 것 같다. 또한 주변 사람들에게 긍정적인 영향을 끼친다. 그의 열정은 전염성을 가지고 있다. 어떤 일이든 열정과 에너지, 열의를 가지고 하라. 그러면 당신뿐 아니라 주변 사람들까지 기분이 좋아질 것이다.

셰익스피어의 작품 《태풍》에 등장하는 마법사 프로스페로는 긍정성을 가리켜 '마법을 거는 기술(the art to enchant)'이라고 불렀다. 현대에 들어서는 베스트셀러 작가인 세스 고딘Seth Godin이 긍정적인 사람들을 가리켜 '핵심인물'이라는 뜻의 '린치핀Linchpins'이라는 이름을 붙였다. 마차 바퀴를 연결하는 축을 조이는 나사를 뜻하는 린치핀은 핵심적인 것, 없어서는 안 될 중요한 것으로 비유돼 사용된다. 긍정적인 사람은 누구도 대신할 수 없는 꼭 필요한 존재라는 것이다.

톰 소여, 마법을 거는 기술, 린치핀의 공통분모는 다른 사람들에게 에너지와 긍정적인 기분을 심어줄 수 있다는 것이다. 그저 모든 것을 긍정적으로 보는 단순한 시선은 우리가 삶을 즐길 수 있도록 해준다. 당신의 긍정적 사고와 믿음은 깨달음에 이른 당신을 성공의 길로 인도할 것이다.

누구나 무한 긍정의 삶을 살고 싶어하지만 안타깝게도 우리 마음속에서는 부정적인 감정이 꿈틀거리고 있다. 이는 여지없이 주변 사람들에게 부정적인 영향력을 발휘한다. 몇 해 전 긍정적인 삶에 대해 강의를 하던 초창기 시절의 일이다. 로이라는 한 참석자가 있었다. 80명의 부하직원을 거느리는 선임 관리자였던 로이는 얻어맞은 엉덩이 같은 표정을 하고 있었다. 분명 누군가 로이를 대신해 그 강의에 등록을 시켜주었던 모양이었다. 로이는 마지못해 강의에 참석했다. 나는 강의실로 들어가 내 소개를 한 후 강의를 진행하기 시작했다.

"오늘은 정말 긍정적인 날이 될 것입니다. 어쩌면 삶이 변하는 그런 날이 될 수도 있고요. 본격적으로 시작하기 전에 궁금하신 점이 있습니까?"

로이가 손을 번쩍 들더니 불만에 가득 찬 표정과 목소리로 물었다.

"당신이 대체 나에게 무엇을 가르칠 수 있다는 겁니까?"

그 말을 듣는 순간 나는 약간 위축되지 않을 수 없었다. 어쨌든 좋은 징조는 아니었으니 말이다. 로이의 말이 계속되었다.

"당신은 내가 행복해 보이나요?"

나는 거짓말을 할 줄 모르는 사람이다. 62세 로이의 표정에서 행복한 기색을 찾기 위해 나는 찬찬히 그의 얼굴을 살펴보았다. 하지만 아무리 열심히 살펴봤지만 그와 행복은 함께할 수 없는 것 같았다.

"아니요."

나는 사실대로 대답했다.

로이가 계속 말을 이어가자 강의실은 이상하리만치 조용해졌다.

"당신이 말도 안 되는 강의를 시작하기 전에 한 가지 분명하게 해두고 싶은 것이 있소. 나는 행복하지 않습니다. 솔직히 나는 단 한 번도 행복한 적이 없어요."

저승사자 같은 표정으로 로이가 으르렁거리듯 말했다. 그러고는 잠시 말을 멈추더니 "그리고 내게는 오늘 하루를 시작하고 싶은 생각이 조금도 없소"라고 덧붙였다.

마치 테니스 경기라도 되는 듯 모든 눈이 내게로 향했다. 하지만 금세 로이가 불만을 이어나갔다.

"내가 회사에서 미소를 지으면 사람들은 무슨 꿍꿍이지 하고 생각할 겁니다. 지금 다니는 회사에서 31년 동안 근무했지만 단 하루도 좋은 날이 없었어요."

그가 무덤덤하게 말했다. 나는 아무런 말도 할 수가 없었다. 안면 근육이 조금씩 떨리는 것이 느껴졌다. 로이가 다시 입을 열었다.

"그러니까 당신이 무엇을 가르치던 나는 실천할 생각이 없소. 내 책상에 달력이 하나 놓여있는데 매일 저녁 퇴근할 때마다 그 날 날짜에 표시하고 있소. 퇴직일이 하루 더 다가왔으니까."

우울한 그의 말이 끝나고 나서야 나는 조금 기운을 차렸다. 로이의 몸짓을 보아하니 부정성에 관한 그의 독백이 거의 끝날 때가 다

된 것 같았다. 부정적이었지만 비꼬는 말투는 아니었다. 있는 그대로 물 흐르듯 말했다.

"그리고 어쨌든, 이런 긍정심리학 따위는 효과가 없어요. 우리 팀도 사기가 꺾였으니까."

휴식시간이 될 때까지 나는 겨우겨우 버텼다. 그리고 휴식시간이 되자마자 나는 내가 할 수 있는 가장 용감한 조치를 취했다. 로이에게 나가달라고 했던

것이다. 다른 사람들을 위해서라도 그가 자리를 비우고 회사로 돌아가 달력 옆에 가만히 앉아 있는 것이 최선이라고 생각했다.

그가 나가자 분위기가 좋아졌다. 그 날의 강의는 최고의 강의 중 하나로 꼽히기도 했다. 그 날 받았던 설문지를 아직도 간직하고 있는데 설문지 중에는 가장 밑에 '내가 들었던 가장 좋은 강의! 절대 로이처럼 되고 싶지 않다는 사실을 일깨워주었음!'이라고 적혀 있는 것도 있다.

로이의 이야기를 통해 얻을 수 있는 교훈은 무엇일까? '그렇게 싫어하는 일을 왜 30년 동안 계속하는가'와 같이 뻔한 교훈일까? 하지만 수많은 사람들이 그렇게 산다. 그렇다면 적대적이고 부정적인 사람, 만나는 사람마다 사기를 떨어뜨리는 그런 사람이 어떻게 팀을 대표하는 리더가 될 수 있었을까 하는 것일까? 하지만 실제로 그런

사람들 중에 최고 관리자가 된 사람들도 많다.

중요한 것은 로이의 팀이 바로 로이 자신의 모습을 대변한다는 사실이다. 로이가 바로 '계기'였기 때문이다. 로이는 '의욕을 상실시키는 사람' 중에서도 최고에 해당했다. 때문에 부하직원들의 활력을 모조리 빼앗아 자신만큼 의욕이 꺾이게 만들었다. 이는 사람들을 고무시키는 방법을 모르거나, 아예 관심을 두지 않은 결과다. 누구라도 이런 상사 밑에서 일하고 싶지 않을 것이다. 결국 로이의 팀이 사기가 꺾인 것은 그의 부정적인 말과 행동이 습관으로 굳어져 버린 것이 계기다.

내 아들은 일요일 아침마다 럭비를 한다. 같이 하는 아이의 아빠 중에 켄 브라운이라는 사람이 코치를 도맡아 하고 있다. 다른 아빠들처럼 자유시간을 포기하고 아이들을 위해 헌신하는 그는 누구보다 긍정적인 사람이기도 하다. 어느 날 그는 아이들에게 정식 럭비 경기를 보여주기 위해 10인용 이하의 미니버스를 끌고 아침 10시에 출발해서 자정에야 돌아왔다. 그런 그에게 고맙다는 인사를 하기 위해 나는 짤막한 이메일을 보냈다. 그러자 그가 다음과 같은 답장을 보내왔다.

지구가 축을 중심으로 자전하고 우주를 떠도는 거대한 이치 속에서 우리는 태양계 속에 존재하는 수십억 개의 조그만 바위들 틈에 끼여 헤매고 있는 작은 바위 위에서 깜빡이는, 순전히 무의미한 생명체

앤디씨, 고맙습니다.

어린 시절 저는 '훈련도 열심히, 경기도 열심히, 노는 것도 열심히'라는 럭비 정신에 영감을 받았습니다. 저로 인해 단 한 명의 아이라도 평생 럭비를 즐기게 된다면 저는 그것으로 만족합니다. 다른 부모님들을 보니 제가 감히 바라지도 못하는 능력을 가진 분들이 많더군요. 나이가 들고 기운이 빠지면 남는 것은 경험과 추억밖에 없습니다. 그런 것들은 살아오면서 만나게 되는 사람들에 의해 만들어지는 것이지요. 저 또한 많은 결점이 있는데 이렇게 고마워하시니 몸 둘 바를 모르겠습니다.

켄 브라운

에 불과하다. 이렇게 큰 우주 속에서는 우리의 인생이 눈 깜짝할 사이에 끝나버린다. 그렇게 생각하면 우리는 가히 충격적일 정도로 무의미한 존재라 할 수 있다. 그러나 우리와 함께 살고 일하는 사람들, 특히 우리 아이들에게 우리는 대단히 중요한 존재다. 우리가 그들 세상의 일부이기 때문이다. 그들의 성격을 형성하고 그들의 믿음 체계를 이루며 삶의 질에 대한 애착을 갖게 하는 사람들이 바로 우리다. 그러니 우리는 각자 얼마나 중요한 사람들인가!

Chapter 13

쓰레기차를 조심하라

저러지미의 삶은 그를 화나게 만드는 일들로 가득 차 있다.

"하느님, 제가 오늘까지는 잘 해왔다고 생각합니다.
아직 다른 사람의 소문을 퍼뜨리지도 않았고
화를 내지도 않았습니다. 아직 욕심을 부리지도,
변덕을 부리지도, 심술을 부리거나 이기적으로 행동하지도
않았습니다. 그래서 정말 기분이 좋습니다. 하지만 하느님,
몇 분 후면 저는 잠자리에서 일어나야 합니다.
그때부터는 하느님이 저를 많이 도와주서야 합니다.
감사합니다."

로버트 홀든 *Robert Holden*

긍정심리학을 연구하고 있는 데이비드 폴레이David Pollay는 20여 년 전 택시를 타고 가던 중 자신의 인생을 바꾼 이야기를 듣게 된다. 누구에게나 인생의 전환점이 되는 사건이 하나씩은 있을 것이다. 하지만 폴레이의 이야기는 우리 모두에게 필요한 기적의 감정관리법이라 부를 만하다.

나는 이 교훈을 22년 전 뉴욕시의 한 택시 안에서 깨닫게 되었다. 무슨 일이 있었던 것일까?

택시에 올라탄 나는 그랜드 센트럴 역으로 가자고 기사에게 말했다. 내가 탄 택시는 오른쪽 차선을 따라 달렸다. 그런데 갑자기 주차되어 있던 검은 자동차가 우리 앞으로 달려드는 것이었다. 택시 운전사는 급브레이크를 밟았고 자동차는 미끄러졌다. 내가 탄 택시는 우리 앞으로 달려든 자동차로부터 불과 2cm 떨어진 곳까지 미끄러진 후에야 겨우 멈춰 설 수 있었다.

믿을 수 없었다. 하지만 다음에 벌어진 상황이 더 믿기지 않았다. 하마터면 큰 사고를 일으킬 뻔한 앞차의 운전자가 머리를 마구 흔들면서 우리에게 온갖 욕설을 하기 시작한 것이다. 그러고는 욕으로는 성에 안 찬 듯 가운뎃 손가락을 들어 보이기까지 했다.

정말 충격적이었던 것은 이후의 상황이었다. 택시 운전사가 미소를 지으면서 그 남자에게 손을 흔드는 것이 아닌가! 그것도 친절하게 말이다. 나는 "조금 전에 왜 그러셨어요? 저 남자 때문에 우리가 죽을 뻔했잖아요!"라고 물었다. 그러자 택시 운전사는 '쓰레기차의 법칙'이라고 부르는 것을 말해 주었다.

그는 이렇게 말했다.

"대부분의 사람들은 마치 쓰레기차와 같아요. 절망감, 분노, 짜증, 우울함, 실망과 같은 쓰레기 감정을 가득 담고 돌아다니거든요. 쓰레기가 쌓이면 쌓일수록 자연히 그것을 쏟아버릴 장소를 찾게 돼요. 아마 그대로 내버려두면 그들은 당신에게 쓰레기를 버릴 거예요. 그러니까 누군가가 얼토당토않게 당신에게 화를 내고 신경질을 부리더라도 너무 기분 나빠하지 마세요. 쓰레기를 버리고 싶어하는 사람을 개인적으로 원망하지 말라는 뜻이에요. 그저 미소를 지은 채 손을 흔들어주고는 가던 길을 가면 돼요. 제 말을 믿으세요. 틀림없이 전보다 더 행복해질 겁니다."

그의 말을 들은 나는 과연 쓰레기차들로부터 쓰레기 세례를 받는 일을 얼마나 자주 겪을까 하고 생각해 보았다. 나 자신은 또 얼마나 자주 직장이나 가정, 혹은 거리 위에다 내가 가진 쓰레기를 쏟아 부을까? 나는 '다른 사람들의 쓰레기를 받지도 않고 내 쓰레기도 여기저기에다 쏟아버리고 다니지 않겠다'고 결심했다.

그때부터 내 눈에는 쓰레기차가 보이기 시작했다. 마치 영화 〈식스 센스〉에 나오는 소년이 "죽은 사람들이 보여요"라고 말했던 것처럼 나에게도 '쓰레기차가 보였다'. 사람들이 들고 다니는 쓰레기 더미들이 말이다. 그리고 그것을 버리고 싶어 막무가내로 달려드는 사람들도 보였다. 택시 운전사처럼 나 역시도 그것을 개인적으로 받아들이지 않는다. 그저 미소를 짓고 손을 흔들며 잘 가라고 하고 가던 길을 계속 갈 뿐.

풀레이의 쓰레기차 법칙에 따르면 우리가 살아가면서 저지르는 가장 바보 같은 짓은 '쓰레기차'가 나에게 쓰레기를 쏟아 붓게 하는 것이다. 쓰레기차를 만났을 때 가장 현명한 자세는 화를 내거나 맞서 싸우는 것이 아니다. 웃는 얼굴로 반갑게 맞이하고, 쓰레기차가 지나갈 수 있도록 배려하는 것이다. 풀레이는 일상생활에서 쓰레기를 가득 실은 상대방의 공격을 받고 나서 '방어해야겠다'는 생각이 무의식적으로 들거든, 일단 상대의 말을 인정하는 겸손을 발휘하라고 말한다. 이것이 바로 '전략적 인정'이라는 것이다. '전략적 인정'을 얼마나 잘 사용하느냐에 따라 자신의 성장과 행복의 크기를 결정할 수 있다.

나도 그러고 싶은데... 귀찮아.

나의 비즈니스 파트너 앤디는 심리학자 토니 로빈스Tonny Robbins 가 주최하는 '완벽한 배우자 되기' 세미나에 참석했다. 우선 자신이 원하는 완벽한 배우자의 모습을 상상하면서 그러기 위해 갖춰야 할 조건을 모두 적었다. 앤디는 자신이 만들어가는 새로운 여인에 대해 대단한 흥미를 느끼면서 열심히 적기 시작했다. 모두 적고 난 뒤 다음 질문을 읽었다. 질문은 간단했다.

'그렇다면 완벽한 배우자를 맞이하기 위해 당신은 어떤 사람이 되어야 할까요?'

질문을 읽은 앤디는 충격을 받지 않을 수 없었다. 집안에서 속옷 바람에 맥주를 마시면서 과자나 먹어대고 있는데 제니퍼 애니스톤이 '당신이 너무 좋다'며 달려와 와락 안길 확률은 거의 없었다. 특별한 누군가를 끌어당기고 싶다면 자신이 먼저 특별한 누군가가 되어야 한다.

사람은 하루아침에 변하지 않는다. 노력 없이 되는 것은 없다. 절대 쉬운 일이 아니라는 것을(그렇지만 대단히 가치 있는 일이라는 것을) 강조하고자 한다. 변화란 식스팩 복근을 만드는 것과 마찬가지다. 헬스장에서 딱 한 번 운동하고 나서 "아, 이제 할 만큼 했어"라고 말한다고 복근이 생기지 않는 것처럼 열심히, 꾸준히 노력해야만 이룰 수가 있다.

우리는 변화해야 한다. 시간이 지나고 뒤돌아보면 삶의 어느 순간

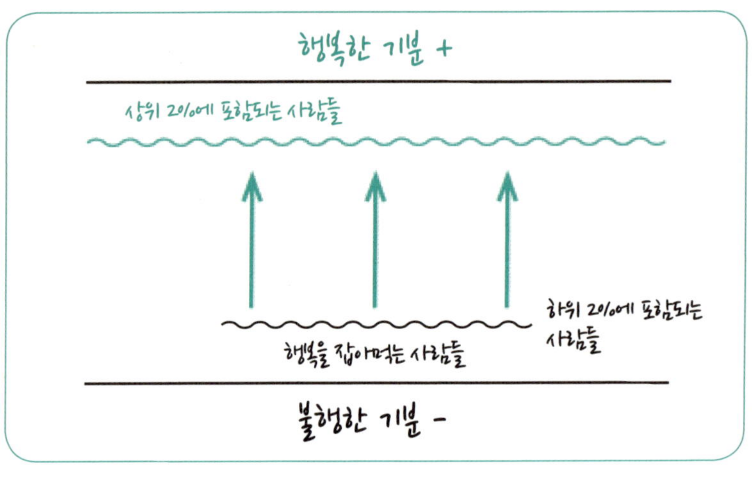

에는 중요하게 보이던 것이, 극복할 수 없고 넘을 수 없을 것처럼 보이던 것이 이제는 잊혀져버린 작은 사건이었을 뿐이라는 것을 깨달을 수 있다. 당신의 마음속에는 식어버린 당신의 열정에 대한 불씨가 남아 있다. 그걸 조심스레 꺼내서 다시 피워라.

위로 향하는 화살표들은 개인적인 변화의 정도를 나타낸다. 상위 2% 안에 드는 사람들은 중간과 아래쪽에 속하는 사람들과 습관 자체가 다르다. 누구도 당신을 대신해서 습관을 바꿔줄 수는 없다. 당신 스스로 책임지고 바꿔야 한다. 상위 2%에 드는 사람들은 다른 사람을 탓하지 않는다. 일이 생각대로 되지 않으면 자신을 향해 이렇게 말한다.

'좋아, 원하는 결과를 얻으려면 어떻게 해야 하지? 나의 무엇을

어떻게 바꿔야 이 상황을 극복할 수 있을까?'

노티엄 대학의 리처드 윌킨슨 교수는 인생을 소시지 기계에 비유했는데, 이보다 더 정확할 수는 없다. 인생이란 당신이 소시지 기계에 무엇을 투입하느냐에 따라 얻을 수 있는 결과가 정해져 있다는 것이다. 예를 들어 돈육 소시지를 얻기 위해서는 소시지 기계에 돼지고기를 넣어야 한다. 채소 소시지를 얻고 싶다면 기계에 채소를 넣어야 하는 게 당연한 원리다.

다시 한번 강조하지만, 소시지 기계에 돼지고기를 넣고 채소 소시지가 나오기를 기대해서는 안 된다. 아무리 기다려도 원하는 소시지를 얻을 수 없다. 인생을 소시지 기계에 비유한 것은 우리가 자신의 인생 속에 무엇을 집어넣고 있는지 생각해야 한다는 뜻이다. 당신은 올바른 재료를 집어넣고 있는가? '내 인생'이라는 소시지 기계에는 내가 가진 재료를 내가 직접 넣어야 한다. 다른 사람의 기계를 사용

할 수도 없고, 다른 사람이 대신해서 재료를 넣어줄 수도 없다.

너무도 많은 사람들이 만성피로, 귀찮음, 나쁜 날씨에 대한 투정, 뉴스를 보고 세상이 조만간 망할 것이라는 생각을 소시지 기계에 집어넣는다. 이런 재료를 인생이라는 소시지 기계에 넣고는 삶이 왜 이렇게 어둡고, 되는 일은 없는지, 게다가 기운도 없고, 주말만 고대하며 살아가야 하느냐고 한숨을 쉰다. 이유는 간단하다. 뿌린 대로 거두기 때문이다. 에너지, 열정, 자신감, 긍정성, 할 수 있다는 생각, 윤택함, 행복, 미소와 같은 재료를 넣는 것은 어떨까? 이들 재료를 넣으면 아주 맛있는 소시지가 나올 것이다.

미국인이 가장 사랑한 대통령 중 하나로 꼽는 로널드 레이건Ronald Reagan. 영화배우를 했을 정도로 매력적인 외모의 소유자인 그는 늘 웃는 얼굴로 국민을 대했다. 독실한 기독교인으로 공산주의의 잔인함을 이해하지 못해 반공反共주의자로 거듭난 그는 대통령이 된 후 공산권의 붕괴를 이뤄냈다. 당시 소련은 레이건 대통령을 상대하기 매우 어려운 인물로 여겼다. 공개적으로 소련을 '악의 제국'이라 비판하면서도, 늘 웃는 얼굴로 소련의 지도자들을 대했기 때문이다.

그는 심각한 일이 발생해도 화를 내기보다 긍정적 사고방식으로 상황을 수습하곤 했다. '영원한 낙관론자'로 불린 그는, 영화배우 조디 포스터의 관심을 끌기 위해서라는 말도 안 되는 이유로 괴한에게 총격을 당했을 때조차 "총알이 날아왔을 때 바닥에 엎드리는 걸 깜빡 잊어 가슴에 총을 맞았다"며 수술이 끝난 회복실에서 부인에게 미안한 마음을 전했다. 이때 그의 지지율은 30%를 조금 넘는 심각한 상황이었다. 그런데 목숨이 달린 암살사건을 밝고 경쾌하게 받아들여 해결하는 그의 모습에 호감을 느낀 시민들이 급속히 증가해 지지율은 이틀 뒤 90% 가까이 치솟았다.

부시 대통령과 같은 명문가 출신도 아니고, 지방의 무명대학을 겨우 졸업했으며, 영화배우로서의 인생도 스타 대열에 서지 못했고, 첫 번째 결혼에 실패한 인생을 살아온 레이건 대통령. 그러나 그는 여느 대통령보다 높은 지지율을 유지하며 대통령의 자리를 지켜냈다. 늘 웃음과 감동을 주는 긍정 바이러스를 퍼트리고자 노력했고, 그 노력에 엄청난 영향을 받은 사람들의 믿음과 신뢰가 그를 믿고 싶은 리더로 만들어 준 것이다.

사실 언제나 긍정적으로 생각하고 행동한다는 것은 결코 쉬운 일이 아니다. 누구라도 부정적인 사람이 될 수 있다. 나를 둘러싼 것들 중 마음에 들지 않는 것을 불평하고, 짜증을 내면 된다. 하지만 누구나 긍정적인 사람이 될 수 있는 것은 아니다. 나를 둘러싼 것 중 마음에 들지 않는 것을 받아들이고, 주어진 작은 행복을 어떻게 하면 더 크게 키울 수 있을 것인가를 끊임없이 고민하고 노력해야 하기 때문이다.

언젠가 이러한 내용의 강연을 듣던 회의적이고 부정적인 감정으로 똘똘 뭉친 여성이 "좋아요, 똑똑한 긍정심리학자 양반"이라며 입을 열었다.

"오늘 밤 집에 돌아가면 나는 식기세척기에서 그릇을 꺼내야 해요. 식기세척기에서 그릇 꺼내는 걸 나는 정말 싫어하거든요. 그러니까 선생님께서 내가 어떻게 하면 그 망할 놈의 식기세척기에서 그릇 꺼내는 일을 열정과 에너지를 가지고 할 수 있는지 말씀해 주세요."

인상을 잔뜩 찌푸리며 그녀가 말했다.

나는 그녀를 이해한다는 표정으로 고개를 끄덕였다. 답은 너무도 뻔했다.

"식기세척기가 있다는 자체에 만족하세요."

내가 대답하기도 전에 강의실 뒤편에서 누군가가 외쳤다.

그러자 다른 사람들도 같은 생각이라는 듯 웅성대기 시작했다. 특히 식기세척기가 없는 사람들은 "아니면 그냥 손으로 하든지요"라며 또 다른 제안을 했다.

첫 번째 사람이 말한 '식기세척기가 있다는 사실에 만족하는 것'은 리프레임Refram 방식이다. 리프레임은 관점 바꾸기, 관점 전환이라고도 한다. 즉 자신의 프레임을 다시 새롭게 정의하는 것이다. 프레임은 특정한 사건이나 경험을 바라보고 받아들이는 인지적 과정이다. 리프레임은 특정한 경향이나 사실을 다른 관점에서 바라보고 다른 의미를 부여하는 것을 말한다.

인간은 언제나 모든 일에 의미를 부여한다. 그 의미를 바탕으로 생활하고 있는 다른 것과 연결하며 살아간다. 어떤 사건의 의미란 그것에 부착되는 프레임에 따라 달라진다. 즉 프레임이 바뀌면 의미가 바뀌고, 의미가 바뀌면 행동과 반응도 바뀐다. 만일 당신이 생각하는 방식과 말하는 방식을 긍정적 사고로 전환하는 긍정프레임을 선택한다면 스트레스라는 자극을 감소시키고 문제 해결을 위한 구체적인 방법을 찾을 수 있다.

예를 들어 오랜 시간 쇼핑을 하고 집에 돌아온 뒤 대부분의 사람들은 이렇게 말한다.

"아이고, 하루 종일 돌아다녔더니 다리가 아프네. 너무 피곤한 하루였어. 힘들어."

하지만 긍정적인 리프레임으로 생각을 전환하면 "오랫만에 좋은 것도 많이 보고, 모처럼 다리 운동까지 잘한 것 같아. 즐거운 하루였어. 뿌듯하다"고 표현할 것이다.

화가 나는 일이 있다면 분노는 잠시 접어서 주머니에 구겨 넣어라. 그리고 좀 더 여유 있는 마음 자세로 모든 것을 느긋하게 바라보려는 긍정의 리프레임을 시작하자.

강연 중에 또 이런 일도 있었다. 다소 비관적인 한 남자가 있었다.

"나는 긍정적으로 살 수 없어요. 대머리니까요."

그 남자가 주장했다.

이 얼마나 흥미로운 생각인가. 대머리라고 우울해할 수도 있고 그나마 머리까지 없어진 게 아니라고 감사할 수도 있다. 우울해하면 의기소침해지고 자신감이 없어지며, 영원히 불행하게 살게 될 것이다. 그렇지만 감사하면 즐겁고 활기차게 행동할 수 있다. 나는 그에게 대머리를 사랑의 힘을 가동하는 태양열판이라며 설득했다. 그는 곧 대머리에 대한 생각을 바꿀 수 있었다.

사실 내가 긍정적 리프레임의 중요성을 뼈저리게 깨달은 것은 마로니에 열매 덕분이다. 나에게는 두 아이가 있어서 혼자만의 여유로운 시간을 가질 틈이 없다. 아이들을 중심으로 생활이 이루어지기 때문에 여기저기 데리고 다니느라 바쁘다. 축구, 수영, 럭비, 트램펄린, 태권도, 혹은 친구들의 생일 파티에 아이들을 데리고 가야 한다.

이런 일상 속에서도 토요일 아침 20분 동안 가만히 앉아 〈타임〉을 전부는 아닐지라도 일부분이나마 읽는 것은 내 즐거움 중 하나다. 나는 토요일 아침이면 슬며시 베란다로 나와 감미로운 음악을 틀어 놓고 테이블에 다리를 걸친 후 20분 동안 휴식을 취한다. 스포츠광인 나는 항상 맨 뒤 페이지부터 신문을 읽는 습관이 있다. 혹시 내가 좋아하는 팀의 경기 내용이 신문에 나오지 않았을까 살펴보면서 말이다.

그러던 어느 날, 아마 10월 말쯤이었을 것이다. 햇볕 따뜻한 가을날 아침, 자리에 앉은 나는 〈타임〉을 막 읽으려던 참이었다. 다섯 살인 둘째 아이가 뛰어들어왔다.

"아빠, 아빠, 나랑 마로니에 열매 따러 가요." 아이가 소리쳤다.

한숨이 나왔다. 20분 동안 조용히 신문을 읽는 것은 나의 즐거움 중 하나였다.

"이따가, 얘야. 이따가 마로니에 열매 같이 따러 가자"며 아이를 달랬다.

"하지만 아빠, 오후에 수영하러 가야 해서 할 수가 없어요. 지금 따러 가야 한단 말이에요."

신문에서 시선을 뗀 나는 "지금은 갈 수 없어. 아빠 바빠"라고 설명했다.

고작 다섯 살밖에 되지 않았지만 아이는 바보가 아니었다. 바쁘다고? 다리를 걸쳐 놓은 채 노래를 들으면서 신문을 보는 게 바쁘냐는 식으로 아이는 계속 재촉했다.

"아빠, 마로니에 열매가 뭔지 알아요?" 아이가 진지하게 물었다.

마로니에 열매가 나무에 달린 갈색 열매라고 설명하는 다섯 살짜리 아이의 말을 들으면서 나는 스포츠 면에 집중하려고 애썼다. 아이는 마로니에 열매를 가지고 눈싸움처럼 열매 싸움을 할 수도 있다고 했다. 그러고는 눈을 크게 뜨고 이긴 열매가 나머지 열매의 생명을 앗아가 버린다고 열심히 설명했다. 아이는 눈을 반짝이며 내 대답이 달라지기를 고대했다.

"이제 가면 안 돼요?"

나는 다섯 살짜리 아이를 이길 수 있다고 생각했다. 신문지로 얼굴을 가린 채 20분 동안의 내 즐거움을 아이가 방해한다고 생각하니 슬슬 짜증이 밀려오기 시작했다.

"그거 아니? 내가 너만 했을 때 할아버지가 나더러 혼자 가서 마로니에 열매를 주어오라고 했거든. 그게 훨씬 더 재밌더라."

나는 다시 신문으로 고개를 돌리고 이런 거짓말을 만들어낸 걸 은근히 자랑스럽게 생각했다. 분명 아들은 혼자 마로니에 나무가 있는 곳으로 가버릴 것이고 나는 그렇게 열망하던 평화를 다시 찾게 될 것이라고 생각했다. 하지만 다시 아들 목소리가 들려왔다. 그 소리를 들으니 짜증이 밀려오기 시작했다.

"하지만 마로니에 열매가 너무 높은 곳에 달려 있어요. 아빠한테 어깨동무를 해야 딸 수 있단 말이에요."

아이가 더 이상 기다릴 수 없다는 듯이 말했다. 그러더니 무슨 생각이 떠올랐는지 다시 흥분하며 재잘대기 시작했다.

"아빠, 마로니에 열매를 양동이에 한가득 담아 가지고 집에 와서 광택제를 발라요!"

아이는 환한 미소를 짓고 있었다. 더는 참을 수 없었다. 자리에서 일어난 나는 신문을 접어 탁자 위에 내려놓았다.

"제발 얘야. 네가 마로니에 열매 따자는 소리에 스포츠 면도 다 못 읽겠구나. 그래, 가서 마로니에 열매를 따자. 그렇지 않으면 아침 내내 네가 '마로니에 열매, 마로니에 열매, 마로니에 열매' 하고 노래를 부를 테고, 마로니에 열매를 딸 때까지는 조용해지지 않을 테니까. 그리고 열매에 광택제를 바르고 나면 그 뒤치다꺼리는 누가 하는데? 아빠한테는 해야 할 일이 산더미처럼 많단다. 어쨌든 가서 마로니에 열매를 따자꾸나. 하지만 빨리 따야 한다…'

다행히도 아이는 내 잔소리는 듣지도 않은 채 그저 '알았다'는 소리만 듣고는 내가 투덜대는 동안 서둘러 장화를 찾으러 나갔다. 불평이 섞인 내 혼잣말이 끝나갈 때쯤 아이가 장화를 신고 흰 양동이를 들고 나타났다. 마로니에 나무를 향해 아빠와 함께 걸어가는 아이의 얼굴에는 환한 미소가 가시지 않았다.

우리 두 사람의 모습을 잠시 상상해 보라. 내 손을 꼭 잡은 아이는 다른 손으로 양동이를 흔들면서 마로니에 열매에 관한 노래를 부르면서 깡충깡충 뛰어간다. 나는 얼굴은 잔뜩 찌푸린 채 축 처진 몸으로 느릿느릿 걷고 있다. 눈을 굴리며 신문을 읽고 싶다는 생각만 하면서 말이다.

100m쯤 걸어갔을 때였다. 내가 늘 말하는 긍정적으로 생각하고 행동해야 한다는 원칙을 지키지 않고 있다는 생각이 떠올랐다. 나는 정신을 차리고 세상에서 가장 좋은 아빠라면 어떻게 마로니에 열매를 딸지 상상했다. 그리고 그대로 행동하기로 했다.

다시 아빠와 아이가 걸어가는 장면으로 돌아가 보자. 이제는 두 사람 모두 껑충껑충 뛰고 있다. 나도 아이를 따라 마로니에 열매 노래를 부르면

서 말도 안 되는 가사를 만들어 노래를 지어냈다. 아이가 노래를 듣더니 웃음을 터뜨린다. 레이스 커튼이 움직이더니 이웃 주민들이 누가 이렇게 이상한 노래를 부르며 길을 가나 밖을 내다본다. 마로니에 나무가 있는 곳에 도착한 다음 나는 아이를 안아 목말을 태웠다. 아이가 바라던 대로 마로니에 열매 중에는 하얗고 갈색이 나는 아직 덜 익은 것도 있었다. 흥분한 아이는 양동이에 열매를 던져 넣을 때마다 일일이 색깔을 외친다. 내 목에서 내려온 아이는 나무를 향해 막대기를 던진다. 그러자 열매가 우수수 떨어졌고 아이는 다람쥐처럼 서둘러 열매를 주어 양동이가 넘치도록 담는다. 다른 아이들이 합세하면서 즐거움은 더욱 커진다.

집으로 돌아오는 길에 아이는 50m를 뛰어 엄마에게 달려가서 우리가 마로니에 열매를 212개나 모았다고 말한다. 우리는 그 중에서 가장 상태가 좋은 20개를 골라 광택제를 바른 후 매달아놓았다. 그 다음 아이에게 마로니에 열매 싸움의 기초를 가르쳐주었다. 아이는 마로니에 열매를 한 손 가득 가지고 학교로 가서 운동장에서 아이들

과 함께 놀았다.

마로니에 열매 따기는 모두 합쳐 2시간가량 걸렸다. 걸어가서 따고, 줍고, 광택제를 바르고, 구멍을 뚫고 매달고 열매 싸움을 연습하는 일까지 모두 말이다. 그런데 나는 아이와의 두 시간을 이렇게 알차게 보낸 적이 없었다. 모두 내가 긍정적으로 살겠다는 리프레임을 결심한 후 개인적으로 책임지고 실천한 덕분이다.

이 이야기는 지금까지 단 한 번밖에 해본 적이 없다. 실제로 있었던 일이라 그런지 왠지 모르게 눈물이 났기 때문이다(지금 이 글을 쓰는 이 순간에도 눈물이 난다!). 아마도 '앞으로 아이가 나에게 마로니에 열매를 따러 가자고 조르는 날이 얼마나 남았을까?' 하는 생각 때문일 것이다.

보다 많은 기회를 잡으리라.

여행을 더 많이 다닐 것이며,

더 많은 산을 오르고 강에서 수영도 즐기리라.

아이스크림도 많이 먹고 채소는 덜 먹으리라.

실제로 많은 고통을 겪겠지만, 상상 속의 고통은 가급적 피하리라.

보라, 나는 매시간을, 매일을

더욱 의미 있고 분별력 있게 살아가는 사람이 되리라.

나는 이미 소중한 순간을 맞이하였으나

인생을 다시 시작한다면 그런 순간을 더욱 많이 가지리라.

사실 내가 원하는 것은 순간을 만끽하는 것밖에 없다.

만일 내가 인생을 다시 시작할 수 있다면

이른 봄부터 늦가을까지 신발을 벗어 던지고 맨발로 지내리라.

더 자주 춤을 추고

더 많이 회전목마를 타리라.

데이지 꽃도 더 많이 꺾으리라.

나는 체온계와 보온병, 비옷과 낙하산이 없으면 어디도 가지 않는 그런 사람이었다.

다시 인생을 시작할 수 있다면 가벼운 짐을 꾸려 여행을 떠나리라.

하지만 그런 기회는 다시 오지 않는다.

끝이 보이지 않을 때는 소중하게 느껴지지 않았던 것도 끝이 있다는 것을 알게 되면 소중해지는 법이다. 인간은 마치 영원히 살 듯 살아가고 있지만 누구에게나 끝이 있다. 그래서 삶이란 더욱 소중한 법이다.

나딘 스테어의 글처럼 우리에게 주어진 인생은 단 한 번뿐이다. 그 인생의 길목 어딘가에서 쓰레기차들이 우리를 향해 쓰레기를 버리러 오기도 한다. 우리는 이들과 싸워 이겨야 한다. 이긴다는 것은 그들에게 복수하거나 똑같이 되갚아 주는 것이 아니다. 그들로 인해 우리의 기분을 망치지 않고, 그들의 기분을 좋게 만들어주는 것이다. 왜냐하면 우리는 남들 앞에서 신경질을 부리거나, 화를 내거나, 우울해하는 모습을 보이는 쓰레기차가 아니기 때문이다.

자꾸만 나를 괴롭히는 부정적이고 나쁜 공격에는 일일이 대응하지 말자. 또한 내 안의 쓰레기를 밖으로 토해 내지도 말자. 오롯이 나에게 주어진 단 한 번뿐인 인생을 위해 나만의 길을 걷자. 때로는 내 안의 쓰레기도 긍정의 리프레임으로 멋지게 재활용할 방법을 찾아보자. 당신은 남들과 같은 쓰레기차가 아니다.

다만 쓰레기차를 만났을 때 주의할 점은 무조건 이해하고 위로해

주다 보면 자신도 모르게 부정적인 성향을 갖게 된다는 것이다. 부정이란 긍정보다 더 빨리 전염되기 때문이다. 그렇다고 쓰레기차를 거부할 방법이 없는 것은 아니다.

상대가 부정, 분노, 우울과 같은 감정을 잔뜩 실어 돌진할 때 대부분은 그에 맞서 더 큰 부정을 표출하거나, 상대의 감정을 짓누르기 위해 잘난 척하기도 하고, 아예 무시한다. 그러나 이러한 방식은 결국 아무것도 해결하지 못한다. 그보다는 상대가 스스로 부정적인 감정을 해결하도록 한다. 상대로부터 나에게 넘어온 부정이라는 바통을 다시 상대에게 넘기는 것이다. 상대의 의견에 동조하면서도 그에 관한 질문을 던짐으로써 상대가 스스로 해결책을 생각하지 않으면 안 된다는 사실을 깨닫게 하는 것이다. 질문은 공격적이어서도, 지나치게 상냥해서도 안 된다. 그저 적극적이라는 인상을 줄 정도의 질문이면 된다. 다음의 질문과 답변을 참고하자.

쓰레기차를 가진 사람들의 말	내가 하고 싶은 답변	내가 해야 할 답변
'그건 절대 안 될 거예요.'	'그렇군요, 아인슈타인 양반. 알겠습니다!'	'그렇게 생각하다니 흥미롭네요. 그럼 어떤 것이 될까요?'
'아무도 내 말을 듣지 않아.'	'네가 항상 불평만 하니까 그렇지.'	'다른 사람들이 이해할 수 있게 긍정적으로 의견을 표현할 방법이 없을까?'
'회의는 시간 낭비일 뿐이야.'	'다른 사람이 말할 때마다 투덜대고 불평만 하고 제대로 된 의견은 내지도 않으니까 그렇지.'	'어떻게 하면 영양가 있는 회의를 할 수 있을까?'
'내가 그랬잖아.'	'그래, 근데 네가 항상 투덜대니까 아무도 네 말을 안 듣는 거지.'	'무슨 좋은 생각이라도 있어?'
'뭐가 그렇게 기분이 좋아?'	'(비꼬는 말투로) 쾌활한 네 얼굴을 보니까 기분이 좋네.'	'오늘 하루 기분 좋게 보내기로 했어. 뭐 또 기분 좋은 일 있음 말해봐.'
'나는 수학이 싫어. 너무 지루해!'	'하지만 수학 선생님은 아주 잘 가르치던데.'	'나중에 수학을 활용할 수 있는 방법을 말해 볼래?'
'이번 여름엔 또 비가 많이 올 거래.'	'빌어먹을, 두바이로 이민 가야겠다.'	'비 오는 날 가장 재미있었던 기억이 뭐야?'
'토요일 밤 토크쇼는 모두 형편없어.'	'근데 왜 보는 거야? 멍청아.'	'토요일 밤에 TV 시청 말고 할 수 있는 것이 없을까?'
'나는 여기서 일하는 게 정말 싫어.'	'우리도 네가 여기서 일하는 게 싫어. 그러니까 다른 데 알아봐.'	'여기서 일하는 걸 즐길 수 있는 방법이 없을까?'
'회사 경영진 중에는 일을 제대로 하는 사람이 없어!'	'맞아, 회사 화장실조차 제대로 되어 있질 않으니까.'	'흥미롭네. 네가 경영진 입장이라면 어떻게 하겠어?'

Chapter 14

행복 버튼을 찾아서

"파도가 밀려난 후에야 그동안 벌거벗고
헤엄친 사람이 누구인지 알 수 있다."

워렌 버핏Warren Buffett

'마음'이란 단순한 감정이 아니라 무언가를 이루고자 하는 의지다. 의지를 갖고 노력하면 아무리 어려운 일도 극복할 수 있고 목표에 도달할 수 있다. 세상에는 해낼 수 없을 정도로 어려운 일은 없기 때문이다. 마음이 '있다'는 것은 한 번 뜻을 품으면 포기하지 않는다는 의미로 여러 가지 뜻을 품더라도 바로 다른 것에 마음을 뺏겨버린다면 큰일을 이룰 수 없다.

사랑하는 엄마 아빠,

답장을 늦게 드려서 죄송해요. 아파트에 불이 나는 바람에 필기도구가 모두 불에 타버렸거든요. 다행히 지금은 병원에서 퇴원도 했고 의사 선생님도 제가 정상적인 생활을 할 수 있다고 말씀하셨어요. 불이 났을 때 피트라는 잘생긴 젊은 남자가 저를 구해 주었는데요, 그가 집이 복구될 때까지 그의 아파트에 같이 머물러도 좋다고 했어요. 아주 친절하고 다정한 사람이에요. 그러니까 우리가 지난주에 결혼한 사실을 말씀드리면 엄마 아빠도 아주 좋아하실 거라고 생각해요. 그리고 머지않아 할머니 할아버지가 되실 거라는 사실을 알면 더 기뻐하시겠죠?

　이제 진짜 사실을 말씀드릴게요. 솔직히 불도 나지 않았고 병원에 입원한 적도 없어요. 결혼도, 임신도 하지 않았고요. 하지만 이번 생물 시험에서 F 학점을 받았어요. 이 말씀을 드리기 전에 그래도 두 분의 기분을 좋게 해드리고 싶었어요.

딸 올림

　행복이 찾아오면 불행이 찾아오고, 불행이 찾아오면 또다시 행복이 찾아오는 것. 그것이 바로 인생이다. 철학가 데모크리토스는 "행복과 불행은 한마음에 있다"고 말했다. 행복한 일도 어떻게 마음먹느냐에 따라 불행이 될 수 있고, 불행한 일은 행복으로 바뀔 수 있다.

　중요한 것은 행복과 불행에 대한 감정이 다른 사람에게 '전염'된다는 것이다. 미국 하버드 대학 연구진은 1948년부터 2년마다 시행된 '프래밍햄 심장 연구'의 정보를 분석했다. 프래밍햄 심장 연구는 미국 매사추세츠 주 보스턴 근처의 작은 마을인 프래밍햄의 주민들을 대상으로 심장병의 위험을 연구한 것이다. 이 연구는 60년 이상

진행돼오고 있다. 세대와 세대를 이어주는 풍족한 정보는 현재 사회 연구의 중요한 보고寶庫가 되고 있다.

연구진은 연구에 참여한 주민 1,880명에게 자신의 감정 상태를 만족, 중립, 불만족의 세 가지 기준에서 어느 쪽에 해당하는지 질문했다. 그리고 그것이 다른 사람을 만났을 때 어떤 변화가 일어나는지 살펴보고 어느 정도 지속되는지 장기간 추적했다.

그 결과 행복과 슬픔의 감정이 감기처럼 전염되는 것으로 나타났다. 다른 사람에게 감염된 사람은 이후 중간단계의 감정 상태로 돌아왔으며 이때는 감정에 '면역력'이 생겨 자신의 감정과 다른 사람을 만나도 영향을 받지 않았다.

특이한 사실은 불행한 감정이 행복한 감정보다 전염력이 2배 이상 강하다는 것이었다. 이는 인간은 누구나 자신을 망치려는 마음의 씨앗을 가지고 있다. 그것이 크도록 내버려두면 불행이라는 열매를 맺는데, 열매가 떨어지고 난 자리에 생긴 수많은 씨앗이 바람에 흩날려 널리널리 불행을 퍼트리는 것이다.

진지하게 생각해 보자. 아무리 긍정적인 사람이라도 기분이 나쁘거나 불행하다고 느낄 때가 있다. 기분 나쁜 하루나 한 주를 보낼 수 있고, 심지어 한 달 내내 기분이 나쁠 때도 있다. 사실 우리 주위에는 낙관적이고 긍정적일 수 없는 상황들이 널려 있다.

얼마 전 나는 할머니를 잃었다. 어린 시절부터 할머니와 함께 지냈던 나는 그녀를 너무도 사랑했다. 그런데 이제 더는 내가 사랑하는 할머니를 볼 수 없게 된 것이다. 나는 할머니의 장례식에서 추도 연설을 하겠다고 자청했다. 할머니와의 추억을 끝까지 지키고 싶었기 때문이다. 하지만 나는 결국 추도 연설을 하지 못했다. 목이 메고 눈물이 멈추지 않는 바람에 제대로 말을 할 수 없었다. 한동안 나는 슬픔에 빠져 있었고 우리 가족과 직장동료, 친구들은 나의 슬픔에 전염이라도 된 듯 함께 우울한 시간을 보내야 했다. 다행인 것은 시간이 지나면서 내가 할머니의 죽음이라는 슬픔을 서서히 극복해 나갔다는 사실이다.

　주위에 행복 바이러스를 전파하는 사람들도 슬프고 불행하다고 느낄 때가 있다. 하지만 이들이 특별한 이유는 우리가 '복귀 능력'이라고 부르는 바운스백어빌리티bouncebackability와 과학자들이 '회복 능력'이라고 부르는 탄성 에너지resilience를 가지고 있기 때문이다.

　바운스백어빌리티는 2009년 옥스퍼드 사전에 등재된 신조어다. 경기에서 거의 질뻔한 상황에서 다시 회복하는 능력, 또는 좌절이나 패배로부터 회복하는 능력을 뜻한다. '반전, 역전'의 뜻을 지닌 'bounce back'과 '할 수 있는 능력'이라는 뜻의 'ability'가 결합한 단어다.

　회복 능력은 밑바닥까지 떨어져도 꿋꿋하게 다시 튀어 오르는 능력을 일컫는다. 물체마다 다른 탄성을 가졌듯이 인간도 각기 다른 탄성을 가지고 있다. 긍정적인 사람들은 아무리 힘든 역경이 찾아와도 특유의 밝고 열정 가득한 생각으로 어려움을 극복한다. 세상을 긍정적으로 받아들이는 습관을 들일수록 회복 능력은 놀랍게 향상된다.

따라서 기분 나쁜 하루를 보내도 괜찮다. 힘든 나날을 보내도 괜찮다. 완벽하지 못한 상황을 맞이해도 괜찮다. 극복하는 방법을 알고 있으니까. 긍정적인 습관을 지닌 사람들은 마음에 들지 않는 현재 상황이 영원히 지속되는 것이 아니라는 사실을 알고 있다. 때문에 인정하고 싶지 않은 현실에 집착하지 않는다. 그보다는 더욱 긍정적으로 나아간다. 즉 문제에 초점을 맞추는 것이 아니라, 해결책에 초점을 맞추는 것이다.

몇 해 전 나의 어머니가 세상을 떠났을 때도 나는 깊은 슬픔에 빠져 있었다. 하지만 가장 걱정했던 일 중 하나는 당시 어린 아이였던 딸아이에게 그 소식을 전하는 것이었다. 아이는 나만큼이나 어머니와 사이가 좋았다.

"올리비아, 안 됐지만 이제 할머니를 볼 수 없게 되었단다."

놀란 올리비아의 눈이 휘둥그레졌다.

"왜요, 아빠? 할머니를 어디에

두고 오셨는데요!"

"그게 아니란다. 영원히 할머니가 돌아오시지 않는다는 거야. 돌아가셨어."

아이는 아무 말 없이 내가 하는 말을 가만히 듣고 있었다.

"할머니가 하늘나라로 가셨어요?"

"그래, 얘야. 하늘나라로 가셨어."

"멋지네요. 할머니도 하늘나라가 마음에 드실 거예요. 분명 멋진 곳일 테니까요! 대신 할머니가 많이 보고 싶을 거예요. 할머니에게 내가 정말 많이 사랑한다고 더 많이 얘기해 주지 못해서 아쉽지만, 그래도 할머니는 분명 잘 지낼 거예요."

딸아이는 놀랄 만큼 뛰어난 회복 능력을 가지고 있었다.

토크쇼의 여왕 오프라 윈프리는 흑인으로 태어났고, 한때는 100kg이 넘는 거구였으며, 극심한 빈민가에서 자라며 사촌 오빠에게 강간을 당한 트라우마가 있는데다, 잘못된 선택으로 14살이란 나이에 미혼모가 되지만 2주 뒤에 아이가 사망하는 불행을 겪었다. 나중에는 마약에까지 손을 대 전과자로 살아야 했다.

하지만 지금 그녀는 세계에서 가장 영향력 있는 인물로 선정되었고, 매주 수백만 명의 시청자를 TV 앞으로 끌어들일 힘을 가졌다. 남아프리카공화국에 자신의 이름을 딴 학교를 세웠으며, 매년 가장 많은 수익을 올린 연예인에도 그녀의 이름은 맨 꼭대기를 차지하고 있다.

최악의 상황에서 최저의 생활을 질질 끌어오던 흑인 소녀는 마침내 인종을 넘어서 돈과 지위, 그리고 명예와 인기를 모두 손에 쥐었다. 무엇이 그녀를 이렇게 특별한 사람으로 만든 것일까?

그녀의 토크쇼에 나오는 출연자들은 자랑거리를 들고 나오는 사람들이 아니다. 꽁꽁 숨겨뒀던 슬픔과 수치심을 풀어놓는 용기 있는 사람들이다. 가정폭력부터 근친상간, 성폭행, 우울증까지 출연자들이 눈물을 흘리며 다른 사람에게 차마 밝히지 못했던 이야기를 털어놓을 때, 오프라 윈프리는 그들의 손을 지긋이 잡고 최악의 상황에서도 그것을 이겨낼 방법을 제시하며 출연자들을 위로한다. 끔찍했던 과거를 공개하고도 최고 성공자의 자리에 올라선 그녀의 모습과 과거의 잘못을 뉘우치고 어둠을 떨쳐내는 용기 있는 메시지의 결합은 누구라도 설득당하지 않을 수 없다.

결국 오프라 윈프리를 성공과 긍정의 아이콘으로 만들어준 것은 자신의 불행을 멋지게 극복해 낸 회복 능력에 있었다.

불행한 감정을 극복하고 회복할 수 있는 방법 중에서 내가 가장 좋아하는 것은 '행복 버튼 찾기'다. 다음 문장을 읽고 눈을 감은 뒤

그대로 따라해 보자. 이때 중요한 것은 눈은 감되, 마음은 열어두어야 한다는 것이다.

'내가 천하무적이라고 느꼈던 때를 떠올려라. 세상을 다 가진 것처럼 행복했던 나날을 말이다. 결혼한 날일 수도 있고, 원하던 회사에 합격했거나, 첫 아이가 태어난 순간일 수도 있다. 수많은 사람들 앞에서 멋지게 프레젠테이션을 한 날이 될 수도 있을 것이다. 당시를 떠올리며 마음속으로 그 상황을 영화처럼 돌려보자. 여기에 색을 입히고 배경음악도 넣어보자. 재빨리 당신의 영화를 돌려보다가 행복의 클라이맥스에 다다르면 천천히 돌리기 시작한다. 이건 당신의 영화다. 당신의 추억이고 당신이 느꼈던 기분이다.'

이제 눈을 뜨고 빨간 펜을 집어 들어라. 손등에 작은 원을 그린다.

눈을 감고 다시 한 번 영화를 돌려본다. 이때는 영화 속에 훨씬 더 밝은색을 그려 넣어본다. 그리고 당신이 느꼈던 당시의 기분을 최대한 증폭시킨다. 멋진 기분이 온몸을 타고 내려가는 것을 느껴라. 자신감, 행복, 사랑, 만족감…. 살아 있다는 게 정말 멋지다는 생각이 들지 않는가? 점점 감정을 고조시키면서 손등의 원을 가만히 누른다. 영화 속 주요 사건을 떠올리면서 조금 더 강하게 누른 채로 가만히 있는다. 행복 버튼 속에 좋은 기분이 흐르는 것을 느낄 수 있다.

이게 전부다. 방금 당신은 스스로 긍정적인 감정을 불러일으키는 앵커링Anchoring을 한 것이다. 앵커링은 자신의 감정을 특정한 대상에 연결해 어떤 느낌이나 메시지를 불러일으키는 감정조절 기법이다. 이제 당신은 손등 위의 빨간 버튼을 보면 내 인생 최고의 순간을 떠올리는 앵커링 기법을 손에 넣었다.

슬프거나 우울한 불행의 늪에 빠질 때면 가만히 행복 버튼을 눌러

보자. 한 가지 조심할 것은 인생의 빨강 신호등이 켜질 때마다 행복 버튼을 눌러서는 안 된다는 사실이다. 나에게 닥친 어려운 상황에서 벗어나기 위해 잠시 스스로 기운을 북돋을 필요가 있을 때 누르는 것이다. 때로는 면접을 보기 전이나 프레젠테이션을 하기 전에 자신감이 필요할 때 누를 수도 있다. 단 몇 초 동안 손등을 누르면서 최고의 자신감과 행복을 느꼈던 때를 떠올려보자. 좋은 기분을 온몸으로 느낄 수 있을 것이다. 다만 너무 자주 사용하면 행복 버튼이 닳아 없어지니 조심하도록!

Chapter 15

얼마만큼
꿈 가까이에 있는가

"인생에서 목표로 삼아야 할 두 가지가 있다.
우선 당신이 원하는 것을 얻는 것이다.
그리고 그것을 얻고 난 뒤에는 그것을 즐기는 것이다.
현명한 사람들만이 두 번째 것을 성취한다."

로건 피어설 스미스*Logan Pearsall Smith*

어느 대학의 개강일. 한 젊은이가 학과 신청을 하려고 줄을 서서 기다리는 중이었다. 그는 앞으로 7년간의 과정을 거치면 의과 대학 학위를 받고 꿈에 그리던 의사가 될 수 있었다. 기다리는 동안 그는 뒤에 서 있는 나이 지긋한 신사와 이야기를 나누기 시작했다. 두 사람 모두 의사가 되는 것이 꿈이었다. 젊은이는 노신사의 나이가 궁금했다.

"괜찮으시다면 연세가 어떻게 되는지 말씀해 주시겠어요?"

노신사가 껄껄 웃으며 말했다.

"이제 막 일흔셋이 되었지."

그는 자랑스럽다는 듯 숨을 깊이 쉬며 자신 있게 대답했다.

젊은이는 놀란 표정을 지어 보였다.

"7년 후에 학위를 받으실 때면 여든 살이 되신다는 거네요!"

노신사는 다시 한 번 환한 미소를 지었다.

"젊은이, 내가 꿈을 이루든 이루지 못하든 7년 후에 나는 여든 살이 될 거라네."

우리는 많은 일을 하고 싶어한다. 하지만 시간이 흐르고 나이를 먹으면서 가능성이 줄어든다는 느낌을 받는다. 이 느낌이 잘못된 것은 아니다. 마흔 살에 프로 축구선수가 돼서 멋진 경기를 보여주고 싶다는 희망을 꿈꾸기엔 이 세상이 녹록지 않은 것이 사실이다.

하지만 몇 가지 선택이 불가능하다고 해서 지금 하고 싶은 것에 대한 열정을 멈춰서는 안 된다. 삶을 바꾸는 데 있어 늦고 빠름은 존재하지 않는다. 그저 약간의 시간만 내는 것으로도 충분하다.

당신의 어린 시절의 꿈은 무엇이었는가? 당신은 꿈을 이루기 위해 무엇을 했는가? 당신이 지금부터라도 꿈을 이루기 위해 실천할 수 있는 것은 또 무엇인가? 이들을 목록으로 작성해 보자. 가능하다면 구체적으로 자세히 작성하는 게 좋다. 왜냐하면 그것이 바로 당신이 원하는 것을 이루기 위한 첫 단추이기 때문이다. 이 목록은 당신의 삶의 목표와 목적지를 나타낸다.

퇴직한 사람들이 다시 공부를 시작하고, 그림이나 글쓰기, 음악, 정치에 뛰어든 이야기를 들어본 적 있는가? 그들은 자신이 원하는 것을 찾아낸 뒤 그것을 목표로 열심히 달리는 중이다. 우리 역시 얼마든지 새로운 목표를 세우고 그것을 향해 돌진할 수 있다. 하지만 좀처럼 용기를 내려 하지 않는다. 그저 부러워하기만 한다.

긍정의 힘으로 자신의 인생을 컨트롤할 수 있는 사람에겐 꿈을 실현하겠다는 새로운 목표가 필요하다. 꿈은 꾸라고 있는 것이 아니

다. 현실로 만들기 위해 있는 것이다. 꿈이 현실이 될 수 있는가는 단지 용기와 의지의 문제일 뿐이다. 자신의 우선순위를 정하고 계획을 세워라. 그리고 명확하게 정의된 목표를 향해 발을 내딛어라.

빙글빙글 돌아가는 쳇바퀴를 설치한 상자 안에 한 마리의 다람쥐를 넣고, 다람쥐가 잘 볼 수 있는 상자의 바깥쪽에 좋아하는 먹이를 두면 어떤 행동을 하는지 실험했다.

먹이와 다람쥐의 거리가 멀어 보일 경우 다람쥐는 먹이를 계속 쳐다보기만 할 뿐 먹이를 손에 넣기 위해 조금도 움직이려고 하지 않았다. 그러나 조금씩 먹이를 가까이 가져가자 먹이를 잡으려고 움직이기 시작했다. 다람쥐의 운동은 먹이가 가까워질수록 격렬해지고 난폭해져 쳇바퀴의 회전이 점점 빨라졌다.

다람쥐가 먹이를 잡으려는 의욕을 보이는 것, 그리고 인간이 무언가를 하려는 마음이 점점 커지는 것을 심리학에서는 '동기부여'라고 한다. 이는 인생을 보다 충실하게 살아가기 위해 인간답게 살고자 하는 욕구, 살고자 하는 욕구를 갖는 것이다.

그렇다면 동기부여는 어떤 메커니즘으로 일어나는 것일까?

'want'라는 단어의 사전적 정의는 '필요한 것'과 '부족하다' '욕구'와 '결핍'이라는 두 가지 의미를 갖고 있다. 이것은 우리의 일상생활에서 결핍되어있고 부족하다고 느끼는 것을 채우고 싶어하는 욕구가 생기는 과정을 뜻한다. 충분하고 부족함이 없는 상태에서는 욕구

가 일어나지 않는다. 목마르다고 느끼지 않으면 물을 마시기 위한 행동을 하지 않는 것처럼 말이다. 또한 아무리 목이 마르더라도 내가 움직일 수 있는 범위에 물이 없다면 동기부여가 되지 않는다. 광활한 모래사막 한가운데에서 어딘지도 모를 방향으로 물을 마시러 가지 않는 것처럼 우리가 인생을 살아가는 데 필요한 동기부여도 이러한 원리에 의해 형성된다.

따라서 '무엇 때문에 살아가는가?'라는 목표가 확실히 정해져 있지 않다면 충실하게 살고자 하는 동기부여도 없을 것이다. 또한 목표가 지나치게 거창하면 다람쥐가 멀리 있는 먹이를 보고 움직이지 않은 것처럼 의욕적으로 행동하고 싶은 마음이 생기지 않는다.

인생의 웅대한 목표를 정했다면 그 목표에 도달하기 위해 손이 닿는 곳에 있는 목표부터 단계적으로 하나씩 해결해 나가는 과정이 필요하다. 1,000만 원을 저금하기 위해서는 무작정 돈을 모으는 것보다, 우선 100만 원을 목표로 해서 그것이 모이면 다음 목표를 500만 원으로 정하는 방식으로 좀 더 구체적인 실현 가능 단계를 설정하는

것이 확실한 동기부여가 된다.

'목적은 멀고 목표는 가깝게 하라'는 말은 우리가 인생을 인간답게 살아가기 위해 꼭 필요한 필요충분 조건이라고 할 수 있다.

목표를 이루지 못하면 실망할 것이기 때문에 너무 큰 꿈을 갖지 않겠다는 사람들이 많은 것은 영국 특유의 이상한 특성이다. 이것도 역시 기대치를 낮게 잡고 살아가겠다는 영국적인 생각에 불과하다.

평범함을 목표로 삼고 살아가다니! 이런 인생철학을 가지고 살아가는 사람들이 많다는 사실이 정말 놀라울 따름이다.

능력도 없으면서 허황한 꿈을 좇는 자를 가리켜 '별을 지키는 개犬'라 부른다. 개가 별을 지키겠다며 짖어봐야 아무런 의미도 없고 쓸데없는 짓이라는 뜻이다. 그렇지만 이런 부정적인 글을 나는 좀 더 긍정적인 교훈으로 사용하고 있다. 한 마리 개가 넓은 들판에 가만히 앉아 하늘을 올려다보면서 아름다운 별을 지키려고 하는 근성은 칭찬해 주어야 마땅하다. 불가능하다고 해서 아무런 희망도 품지 않으면 이루어지는 것은 없다. 노력해야 할 목표가 없으면 한 걸음도 앞으로 나아가지 못하는 것처럼. 설령 앞으로 나아가더라도 어디로 발걸음을 옮겨야 할지 우왕좌왕할 뿐이다.

별을 지키려는 개의 열정처럼 우리는 항상 크고 넓은 목표를 향해 나아가야 한다. 상식을 버리고 행동할 수 있는 용기와 정신도 때로는 필요하다.

시나리오 작가인 데이비드 테일러David Taylor는 목표 설정의 핵심을 다음과 같이 4단계로 정리했다.

1. 지금 자신이 있는 곳이 어디인지 파악하라.
2. 자신이 있고 싶은 곳을 파악하라.

3. 그곳에 도달하려면 어떻게 해야 하는지 파악하라.

4. 그리고 실천하라!

목표를 이루는 방식이 이렇게 간단하고 명확하다니! 멋지지 않은가? 이제 당신도 얼마든지 목표를 이루고 원하는 인생을 살아갈 수 있다.

다음에 등장하는 피라미드 그림을 살펴보자. 원대한 목표는 피라미드의 꼭대기다. 따라서 원대한 목표를 이루기 위해서는 맨 아래부터 시작해 점점 위로 올라가야 한다. 네모 칸에 목표를 향해 나아갈 때 해야 할 일들을 적어보자. 어려운 일은 아니지만 대단히 멋진 일임에는 틀림없다.

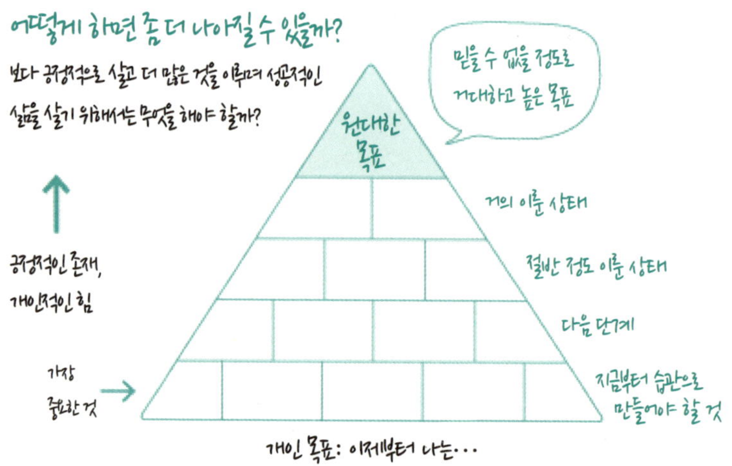

목표 설정이라는 개념은 누구나 잘 알고 있을 것이다. 매년 연말마다 사람들은 다음 해 목표를 세우곤 한다. 원리는 대단히 단순하다. 사실 1월이면 헬스장 가입률이 50%까지 올라간다. 하지만 2월만 돼도 헬스장을 찾는 사람들의 수가 현저하게 줄어든다. 다른 모든 것과 마찬가지로 목표를 이루는 것 또한 노력이 필요하다. 빠른 시일 안에 성과가 보이지 않으면 지쳐버릴 수 있다. 열정은 너무도 쉽게 식어버리기 때문이다.

2001년 9·11 테러로 무너진 빌딩 잔해를 수색하는 팀이 있었다. 그들은 탐지견을 이용해 보이지 않는 건물 내부를 탐색하기 시작했다. 거대한 빌딩이 무너졌지만 어딘가에 살아 있는 사람들이 있을 것이라는 실낱같은 희망이 남아 있었다. 탐지견들은 발바닥에 피가 나도록 수색을 멈추지 않았다.

하지만 결과는 절망적이었다. 생존자를 수색하도록 훈련받았음에도, 탐지견들이 찾아내는 건 시체들뿐이었다. 목표를 달성하지 못하고 있던 탐지견들은 점차 기운을 잃었다. 그 모습을 본 탐지견 담당자들은 자원봉사자들에게 잠시만 빌딩 잔해 속에 숨어 있을 것을 부탁했다. 탐지견들이 살아있는 사람의 냄새를 맡고 다시 열정을 찾을 수 있게 하기 위해서였다.

결과는 성공적이었다. 살아 있는 사람들(숨어 있던 자원봉사자)을 찾아낸 탐지견은 점차 더 깊숙이 숨어 있는 생존자를 찾아내기 시작했다. 이 이야기는 원대한 목표를 이루기 위해서는 이따금 제대로 가고 있는 것인지 보여주는 이정표가 있어야 한다는 것을 알려준다. 원대한 목표로 향하는 길목에 얻을 수 있는 작은 보상을 심어놓을 필요가 있다.

큰 뜻을 가지고 열심히 노력해도 현실 속에서 얻을 수 있는 것은 아주 작은 것뿐이다. 하물며 큰 뜻을 품지 않고 별로 노력도 하지 않고서 일생동안 무슨 일을 이룰 수 있겠는가? 뜻은 크고, 목표는 높으면 높을수록 좋다. 다음에 등장할 클래런스와 펠릭스의 이야기를 살펴보자.

클래런스와 펠릭스

옛날 펠릭스라는 이름의 개구리를 애완동물로 키우는 클래런스라는 한 남자가 살고 있었다. 가게에서 일하면서 번 돈으로 그럭저럭 살아가고 있던 클래런스는 항상 부자가 되겠다는 꿈을 간직하고 있었다.

어느 날 클래런스가 큰 소리로 말했다.

"펠릭스, 우리는 부자가 될 거야! 이제부터 너에게 나는 법을 가르쳐 줄게!"

그 말을 들은 펠릭스는 두려웠다.

"나는 날 수 없어, 이 멍청한 주인아! 나는 개구리지 카나리아가 아니란 말이야!"

펠릭스의 반응에 실망한 클래런스는 "그런 부정적인 생각이 문제야. 너에게 나는 방법을 가르쳐 주겠어!"라며 씨익 웃어 보였다.

'나는 방법'을 가르치는 첫 날, 클래런스는 아파트가 15층이니 매일 1층부터 시작해 창문으로 뛰어내리는 연습을 하다 보면 결국 15층에서는 날 수 있을 것이라고 설명했다. 한 번 뛰고 난 뒤 펠릭스가 얼마나 잘 날았는지 분석한 다음, 가장 효과적으로 나는 방법에 집중하면 다음에는 더 잘 날 수 있을 것이라면서 말이다.

펠릭스는 그러다 죽을지도 모른다며 여기서 그만두자고 애원했다. 하지만 클래런스는 들은 척도 하지 않았다.

"이게 얼마나 중요한지 모르는구나. 그렇다고 너의 부정적인 생각 때문에 계획을 망칠 수는 없어."

클래런스는 창문을 열고 펠릭스를 밖으로 내던졌다. 잠시 후 펠릭스가 쿵 소리를 내며 떨어졌다.

다음 날 두 번째 훈련이 시작되기 전 펠릭스는 다시 한 번 창밖으로 던지지 말아 달라고 애원했다. 그러자 클래런스는 회사에서도 새로운 프로그램을 도입할 때면 늘 반대에 부딪히는 법이라며 창문을 열고 펠릭스를 밖으로 내던졌다. 잠시 후 어제처럼 쿵 하는 소리가 났다.

세 번째 날이 되자 펠릭스는 클래런스를 설득할 다른 방법을 찾았다. 시간을 벌기 위해 머뭇거리면서 날씨가 좋아지면 날기가 좋을 테니 그때까지만 기다려달라고 부탁했다. 하지만 클래런스는 펠렉스의 훈련을 멈출 생각이 없었다. 원래 계획대로라면 오늘 뛰지 않으면 내일 두 번을 뛰어야 했다. 펠릭스는 하는 수 없이 "알았어. 하자고"라고 말하며 창문 밖으로 뛰어내렸다.

이제 펠릭스는 정말로 날기 위해 최선을 다하고 있었다. 5일 째에는 날아보려고 발을 열심히 굴러봤지만 소용이 없었다. 6일째에는 작은 빨간 망토를 목에 두르고 '나는 슈퍼맨이다'라고 생각하려 애썼다. 하지만 여전히 펠릭스는 날지 못했다.

7일째가 되자 펠릭스는 운명을 받아들이기라도 한 듯 더는 자비를 베풀어달라고 간청하지 않았다. 그저 클래런스를 향해 이렇게 말했을 뿐이다.

"네가 날 죽이려고 한다는 것은 알고 있겠지?"

클래런스는 그동안 펠릭스가 자신이 정해 놓은 주요 목표치를 충족시키지 못했다며 성과가 좋지 못했다고 꼬집었다. 그 말을 들은 펠릭스는 "입 다물고 창문이나 열어"라고 조용히 말했다. 그는 건물 한구석에 놓여 있는 크고 삐죽삐죽한 바위를 향해 창문에서 뛰어내렸다. 그렇게 펠릭스는 저세상으로 갔다.

클래런스는 자신이 세워놓은 목표치 중에 달성된 것이 단 하나도 없다며 프로젝트가 실패한 것에 대해 격분했다. 펠릭스가 날지 못했을 뿐 아니라 방향도 제대로 잡지 못해 시멘트 포대처럼 떨어졌다면서 말이다. 뿐만 아니라 자신이 "쿵 하고 떨어지지 말고 머리를 써서 떨어져야지"라고 말해 주었는데도 불구하고 펠릭스의 생산성은 향상되지 않았다며 화를 냈다.

이제 클래런스가 할 수 있는 일은 과정을 분석해 어디서부터 잘못되었는지를 파악하는 것밖에 없었다. 한참 생각한 클래런스는 미소를 지으며 이렇게 말했다.

"다음엔 좀 더 머리가 좋은 개구리를 구해야겠어."

우리는 실패의 원인을 내가 아닌 다른 곳에서 찾는다. 환경조건과 주위 사람들이 이러한 결과를 가져왔다고 생각한다. 언제나 잘못한 것이 없는 자신은 실패의 원인에서 제외한다. '그때 그 사람이 이렇게 해주지 않아서', '내 말대로 하기만 했어도'라는 말만 앞세웠다면 핑계만 찾기에 급급한 삶을 살고 있는 것이다.

Chapter 16

강점에 집중하라

지나는 투포환을 너무나 잘해서 마라톤도 하기로 결심했다.

"모든 사람들은 강점에 의해 보수를 받는다.
약점으로 사람이 무언가를 이룬다는 것은 불가능하다."

피터 드러커*Peter Drucker*

천재들은 모두 잘하는 일에만 집중한다. 나머지는 오히려 평범한 사람들에 못 미치는 능력을 가지고 있는 경우도 많다. 아인슈타인이라는 천재가 아니었으면 상대성 이론과 우주 중력이 어떻게 작용하는지 몰랐을 것이다. 하지만 아인슈타인은 난독증이 있었으며 대학에도 떨어졌던 과거가 있다.

오래전 새로운 세상의 문제에 대처하기 위해 동물들이 모였다. 긴 토론 끝에 동물들은 학교를 세우기로 했다. 달리기, 기어오르기, 헤엄치기, 날기 등 살아가는 데 필요한 활동들을 중심으로 수업을 구성했다. 동물들은 활동을 막론하고 모든 과목을 배워야 했다.

오리는 헤엄을 잘 쳤다. 솔직히 말하면 헤엄치는 것은 선생님보다 월등했다. 하지만 날기 실력은 별로였고, 달리기는 형편없었다. 달리기 실력을 키우기 위해 오리는 매일 방과 후에 학교에 남아 연습을 했다. 달리기 연습을 하느라 가장 좋아하는 수영까지 그만둬야 했다. 오리의 발에 달린 갈퀴가 심하게 닳아 수영 실력이 평균 수준으로 떨어질 때까지 계속 달리기 연습을 했다.

반면 토끼는 달리기 실력은 최상이었지만 헤엄을 치거나 나는 법을 배워야 한다는 압박감을 받았다. 수영을 잘하고 멋지게 나는 다른 동물들을 볼 때마다 스트레스가 이만저만이 아니었다.

다람쥐는 기어오르기 수업에서 단연 최고였다. 그런데 다른 동물들에게 기어오르는 법을 가르치고자 애썼던 다람쥐는 결국 너무나 지친 나머지 기어오르기 수업에서도 C 학점 밖에 받지 못했고. 달리기에서는 D 학점 밖에 받지 못했다. 날기와 수영에서는 모두 F 학점을 받았다.

독수리는 제멋대로 구는 문제 학생이었다. 기어오르기 수업에서는 다른 동물들보다 먼저 나무 위에 올라갔지만, 자기만의 방식대로 나무 위에 올라가겠다고 고집을 부렸다. 자신의 말을 듣지 않는 독수리 때문에 짜증이 난 선생님은 독수리의 날개를 고정하는 체벌을 가했다. 결국 독수리는 날지도 못하고 뛰는 방법만 배워야 했다.

학년 말이 되자 월등한 수영 실력을 보여주고, 달리기와 날기도 조금 할 수 있었던 기형 장어가 가장 높은 학점을 받아 '전교 1등'이 되었다. 하지만 얼마 후 장어는 기어오르기를 하다가 사고를 당하는 바람에 죽고 말았다. 개들은 교육과정에 땅파기와 탐색이 들어가지 않았다며 등교를 거부한 채 학교와 대립했다. 과연 동물들은 지금도 학교를 세우길 잘했다고 생각하고 있을까?

이 문제를 풀기 위해서는 먼저 나무를 끝내주게 잘 타는 다람쥐와 나무 타기 실력은 보통이지만 다른 다람쥐보다 헤엄은 잘 치는 다람쥐 중 어떤 다람쥐가 더 잘 살 수 있는가를 알아야 한다. 다람쥐는 물에 있는 시간보다 나무 위나 숲 속에 있는 시간이 훨씬 많은 동물이다. 나무를 잘 타야 다른 동물들의 공격을 피할 수도 있고 먹이를 많이 저장할 수도 있다. 아무리 헤엄을 잘 쳐도 물가에 갈 일이 별로 없는 다람쥐에겐 그다지 필요한 능력이 아니다. 그렇다면 다람쥐는 나무 타기 실력을 떨어뜨리면서까지 자신에게 부족한 헤엄치기를 배워야 할까? 나는 "절대 헤엄치기를 배우지 마라! 그 시간에 한 번이라도 나무를 더 타라"고 대답할 것이다.

어느 날 공자가 어떤 사람에게 다재다능하다는 칭찬을 받았다. 그 이야기를 들은 공자가 이렇게 답했다.

"나는 어려서 빈천하였기에 하찮은 일들을 잘 할 수 있게 되었다. 교양 있는 훌륭한 군자가 이것저것 다 할 수 있어야 할까? 그렇지 않다."

능력 있는 사람의 필수조건은 무슨 일이든 다 잘하는 것이 아니다. 오히려 무슨 일이든 다 잘하는 것은 부끄러운 일이 될 수도 있다. 많은 재능을 타고난 것은 좋은 일이다. 그러나 한 가지 일에 대해서 깊게 이해하고 추구하고자 하는 태도가 더 중요하다. 무슨 일이든 한 가지는 누구보다도 잘할 수 있다면 그걸로 충분하다.

사람들은 자신이 해결할 수 있는 문제에 도전할 때 행복을 느낀다. 다른 사람들로부터 능력을 인정받고, 자신의 능력을 펼쳤다는 사실이 기쁘기 때문이다. 마커스 버킹엄은 이럴 때를 가리켜 '일이 일로 느껴지지 않는 때'라고 말했다. 이는 미하이 칙센트미하이의 '몰입'과 유사하다. 자신이 하는 일에 완전히 몰두하여 시간이 금세 지나간 것처럼 느끼는 상태 말이다. 지치지도 않고 오히려 생기와 활력을 느끼는 순간 말이다!

따라서 강점을 활용하면 활력을 느끼게 된다. 그런데 왜 많은 학교와 회사들은 우리를 약점 속으로 밀어 넣는 것일까? 성적표에서는 점수가 부족한 과목이 무엇인지부터 살펴보고, 직원을 채용할 때는 잘하는 것도 중요하지만 다른 사람들에 비해 못하는 것을 찾아내 평가하려 든다.

나의 경험을 예로 들어보자. 신입직원이었던 시절 회사에서 '360도 평가'라는 것을 받았다. 이는 고객을 포함한 모든 사람들로부터 나에 대한 평가를 받는 것이다. 평가가 끝난 뒤 결과를 듣기 위해 상사를 찾아갔다. 다행히도 나는 대부분의 항목에서 좋은 점수를 받았다. 25가지 항목 가운데 24가지에서 매우 높은 평가를 받았던 것이다. 그 말을 듣자 미소가 절로 지어졌다.

"그런데…" 상사가 입을 열었다.

"스프레드시트가 문제군. 자네는 엑셀 사용법을 모르는구먼."

평가서를 근거로 제시하며 상사가 지적했다.

"저는 일하면서 그런 건 들어본 적도 없는데요. 직원들의 교육을 담당하기 때문에 엑셀을 사용할 일이 없거든요. 파워포인트야 자주 사용하지만…" 내가 말했다.

"스프레드시트를 사용하면 쉽게 계산을 할 수가 있어. 회계팀에서 자주 사용하지."

상사가 말했다.

"제가 회계팀이 아닌 게 다행이네요. 다른 점수는 다 좋으니까요."

나는 친근한 웃음을 지으며 상사에게 말했다.

하지만 상사는 엑셀 문제를 그냥 넘기지 않았다. 나에 대한 자기계발 계획으로 엑셀 스프레드시트 과정 들으라고 강요했다. 그로 인해 나는 상당히 풀이 죽었고 좌절했으며 말썽꾸러기 아이처럼 한동안 뾰로통해 있었다.

내가 이미 잘하고 있던 분야를 향상시키는 수업을 들었다면 단연코 결과가 훨씬 더 좋았을 것이다. 만일 내게 NLP 과정을 들으라고 하거나 파워포인트 고급 과정을 들으라고 했다면 나도 기분이 좋았을 것이다. 아니면 앞으로 직원들을 교육하는 데 유용한 기술을 배우거나. 그랬다면 꾸지람을 들은 아이처럼 이리저리 숨는 것이 아니라 야호! 하고 외치며 360도 평가를 실시한 회사를 칭송했을 것이다.

전 세계 기업들도 똑같은 실수를 저지르고 있다. 가능성이 크진 않지만 어쩌면 이런 낡은 생각을 바꿀 수 있을지도 모른다. 전통을 깨고 직원들의 강점을 향상시키는 데 시간과 돈을 들인다면 직원 교육비를 좀 더 가치 있게 쓸 수 있을 것이다.

그렇다면 약점은 어떻게 해야 할까? 그저 무시하고 사라지기만을 바라면 될까? 아니, 그렇지 않다. 약점은 스스로 인식하고 있어야 한다. 맡은 업무를 안전하게 수행하거나 제대로 하는데 약점이 방해된다면 그건 고쳐야만 한다. 그렇지 않다면 너무 심각하게 생각하지 않아도 된다. 누구에게나 약점은 있게 마련이다. 성공한 사람들도 모두 약점보다는 강점에 초점을 맞춘다. 사실 성공한 사람들은 약점을 가지고 있다. 그럼에도 불구하고 성공을 이뤄냈음을 기억하자.

앞에서 이야기했던 클래런스와 펠릭스를 기억하는가? 불쌍한 개구리 펠릭스는 나는 법을 배울 수 없었기 때문에 슬픈 운명을 맞았다. 개구리에게 나는 법을 가르친다는 것은 허무맹랑한 목표다. 그러나 사람들이 강점을 발휘할 수 있는 목표를 세운다면 그 결과는 놀라울 것이다. 펠릭스에게 더 높이 뛰고 더 많은 파리를 잡으라는 목표를 제시했다면 펠릭스도 성공하기 위해 노력했을 것이다. 무엇보다 죽음이 아닌 새로운 삶을 선택했을 것이다!

끝으로 긍정심리학자 알렉스 린리Alex Linley 박사의 '평범함의 저주'에 관한 글을 인용하면서 이 장을 마치고자 한다.

평범하게 살고 싶은 사람은 누구인가?

우리 주변에는 평범함의 저주가 만연해 있다. 교육체계만 봐도 모든 학생들에게 모든 과목을 다 잘하라고 요구한다. 그러나 모든 것을 잘하는 학생들은 드물다.

직장에서도 좋은 의미의 경쟁 모델을 만들어 모든 직원이 모든 것을 다 잘하길 기대한다. 하지만 모든 일을 다 잘하는 직원은 거의 없다. 그러므로 직원들의 약점에만 초점을 맞춰 그것을 개선하려 든다.

심리학의 세계에서도 정신질환 극복과 질병 치료 분야에서 평범함의 저주를 엿볼 수 있다. 물론 정신질환을 치료하겠다는 목표 자체는 대단하다. 하지만 사람들을 '진정으로 낫게 하는 것'보다 그저 '아프지 않게 하는 것'에만 초점을 맞춘다.

모든 사람들에게 모든 것을 잘하라고 하면 '평범함의 저주'를 받게 된다. 결국 그들만이 가진 강점은 사라지고 모두가 고만고만한 평범하기 짝이 없는 사람이 되고 만다.

이 글을 읽고 생각해 보자.

1. 린리의 생각에 대해 직감적으로 어떤 느낌이 드는가?

2. 당신이 생각하는 성공적인 삶이란 무엇인가?

3. 어떤 사람들과 관계를 맺고 싶은가? 당신이 원하는 친구, 애인, 부모, 자식은 어떤 사람인가?

4. 직업에 대해서 어떤 비전을 가지고 있는가? 당신이 이루고 싶은 업적은 무엇인가?

5. 당신은 어떤 사람이 되고 싶은가?

6. 당신의 강점을 활용했던 기억을 떠올려라. 당시 어떤 기분이 들었는가?

7. '자신이 잘하는 것으로부터 가장 많이 배운다.' 이 문장은 사실인가 거짓인가? 그렇게 생각하는 이유는 무엇인가?

8. 요즘 같은 세상에 직장에서 강점을 발휘하는 것이 가능할까?

9. 강점에 집중하기를 통해 깨달은 가장 큰 교훈은 무엇인가?

Chapter 17

신의 물구나무서기

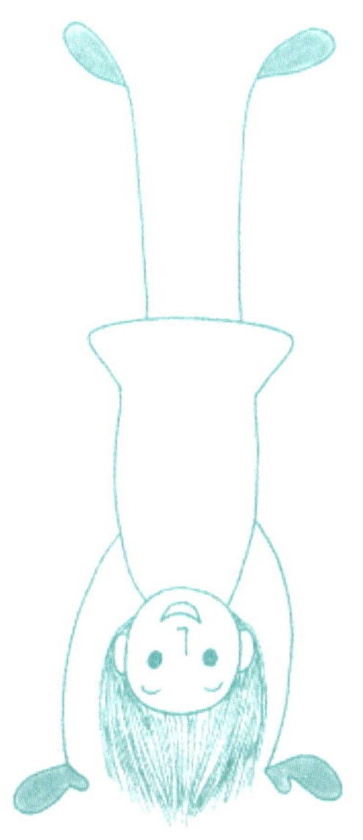

'인생과 함께 춤을 추면 곧 모든 사람들이
따라서 춤을 추게 될 것이다!'

미국 어딘가에 통행료를 징수하는 다리가 있다. 햇살이 비추는 따뜻한 곳에 다리가 놓여 있다고 상상해 보자. 다리는 편도 10차선이며, 다리를 건너려면 2달러를 내야 한다. 통행료를 받는 직원들은 근무 시간 내내 조그만 공간에 앉아 2달러를 받고 차단기를 올려 준다. 반복적이고 지루한 일이다. 대부분의 직원은 열심히 일하는 척만 하며 무기력하게 어서 빨리 시간이 지나기를 기다린다.

하지만 한 직원만은 달랐다. 10번 차선에 있던 셉이라고 불리는 남자 직원이었는데 그는 자신의 일을 너무나 사랑했다. 그는 CD플레이어를 가지고 와서 근무하는 8시간 내내 혼자만의 파티를 열었다. 볼륨을 높이고 작은 공간임에도 춤까지 추곤 했다. 그의 얼굴은 항상 입이 귀에 걸린 듯 환한 미소를 머금고 있었다. 때로는 사람들에게 말을 건네기도 했다. 늘 지나가는 사람들을 몇 명쯤은 알고 있기 때문이다.

"밥, 좋은 하루 보내세요."

"아이들에게 안부 전해 주세요, 메리앤 씨."

"10번 차선에 오신 걸 환영합니다. 정말 멋진 날이지 않나요?"

중요한 것은 셉이 자신의 일을 즐긴다는 사실이다. 그는 의식적으로 좋은 기분으로 살겠다고 선택한 사람이다. 1번 차선에서 9번 차선까지 일하는 무기력한 직원들은 별생각 없이 고객의 돈을 받는다. 그들은 이곳이 아닌 다른 곳에서 일하길 바란다. 그러니 10번 차선이 두드러지는 것은 말할 것도 없었다.

그런데 문제가 생겼다. 러시아워가 지난 후 줄이 어느 정도 줄어든 다음에 다리를 건너려면 기이한 현상이 나타났다. 1번 차선부터 9번 차선까지 텅 비어 있는 것이다. 좀비같이 무기력한 직원들은 손가락만 튕기고 있었다. 그쪽으로 가면 언제든 금세 지나갈 수가 있는데도 불구하고 10번 차선에만 차들이 줄지어 서 있었다. 일부러 셉을 찾는 사람들이었다. 그들은 아무 곳이나 가서 빠르게 지나가버리느니 5분을 기다려 셉의 환한 미소를 보고 2달러를 내는 쪽을 선택했다.

이렇게 바쁜 사람들이 일부러 셉의 차선으로 가서 5분씩 기다리면서 그곳을 통과하려는 이유는 무엇일까? 답을 맞힐 수 있다면 이 책은 읽은 가치가 있는 것이다.

나는 매 순간 가장 중요한 것이 무엇인지를 탐구한다. 시간이 흐름에 따라 나의 입장과 생각, 마음, 행동 등 모든 것이 변하기 때문이다. 과거엔 그저 형식적이었던 행동이 지금은 가장 중요한 의미를 갖는가 하면, 지금 최선이라 여기는 것이 내일의 최악이 될 수도 있다. 이러한 마음을 잊지 않기 위해 나는 존 보일 오레일리John Boyle O'reilly의 시 〈무엇이 가장 중요한가〉를 즐겨 읽는다.

무엇이 가장 중요한가.

나는 생각에 잠겨 물었다.

법관은 법관과 질서라고 말했다.

학교에서는 지식이라고 말했다.

현자는 진리를

바보는 쾌락을

여자는 사랑을 말했다.

시인은 아름다움이라고 말했다.

그리고 꿈꾸는 자는 자유라고 말했다.

노인은 가정을

군인은 명예를 말했다.

예언자는 미래를 내다보는 일이라고 말했다.

내 가슴은 슬픔에 차서 말했다.

'해답은 여기에 없어'

그때 내 가슴 안에서 들려오는 목소리를 나는 들었다.

모든 가슴은 그 비밀을 알고 있다고.

가장 중요한 것은 자기 자신을 아는 것이라고.

얼마 전 사랑하는 딸 올리비아와 함께 수영장에 다녀오는 길에 있었던 일이다.

"아빠, 하느님이 하늘을 만들었나요?"

아이가 궁금하다는 듯이 물었다. 나는 〈구약성서〉와 빅뱅 사이에서 갈등하느라 스스로도 완전하게 납득하지 못한 상태로 대답했다.

"응. 하느님이 하늘을 만들었지."

"아빠, 나도 하늘을 만들 수 있어요?"

아이의 물음에 나는 크게 웃으며 "아마 안 될 거다, 얘야"라고 말해 줬다. 아이는 다시 "아빠, 하느님이 새를 만들었나요?"라고 물었다.

"그래. 하느님이 새도 만들었을 거야."

"나도 새를 만들 수 있나요?"

"아마 안 될걸."

이런 식으로 계속 대화를 주고받았다. 아이가 산이며 바다, 풀 등 하느님이 그런 것들을 만들었느냐고 물으면 나는 그렇다고 대답했고, 아이가 자신도 만들 수 있느냐고 물으면 만들 수 없을 것이라고 대답했다. 하느님이 이 모든 것을 만들었는데 자신은 만들 수 없다는 사실을 알면 알수록 아이는 점점 더 알 수 없다는 표정을 지었다. 아이는 잠시 질문을 멈추더니 한숨을 내쉬었다. 이제는 제발 아이가 다른 얘기를 했으면 하고 바라던 순간, 아이가 결정적인 질문을 던졌다.

"아빠, 하느님은 그런 것을 만들 수 있는데 왜 저는 안 돼요?"

나는 보통 어른들이 대답하듯이 "애야, 하느님이 그 모든 걸 만든 이유는 네가 만들지 않아도 되게 하기 위해서란다. 이미 다 만들어져 있으니까 너는 그냥 그런 것들을 즐기면서 네가 원하는 것에만 집중하면 돼"라고 설명했다. 어린아이에겐 좀 어려운 대답인 탓에 과연 이해했을까 하는 걱정이 들었다.

"그럼 하느님은 물구나무서기를 할 수 있나요?"

올리비아는 생각지도 못한 질문을 다시 던졌다. 이마에 구슬땀이 송골송골 맺혔다. 이런 황당한 질문에 터무니없는 대답을 하기는 싫었다. 뭔가 멋진 대답을 떠올려야만 했다. 그저 집으로 돌아가기 위해 시작된 드라이브가 시험대가 되어 버리다니. 나 자신조차 하느님을 믿는지 확신할 수가 없는데 말이다!

올리비아가 어떻게 하고 있는지 확인하기 위해 룸미러를 보았다. 아이는 내 대답을 기다리고 있었다. 나는 한참을 고심한 끝에 질문에 답하기 위해 입을 열었다.

"하느님이 물구나무서기를 할 수 있느냐고? 애야, 그거 아니? 아마 하실 수 없을 거다."

아이가 환한 미소를 지으면서 아주 자신 있게 이렇게 대답했다.

"아빠, 하느님이 우리 집에 오시면 제가 물구나무서기 하는 법을 보여드릴 거예요. 물구나무서기를 하면 세상이 거꾸로 보여요. 정말 재미있거든요. 꼭 알려줄 거예요!"

정말 멋지지 않은가! 아이는 자신이 잘하는 것을 가르쳐주겠다며 웃었다. 내가 가장 잘하는 것을 열심히 하고, 현실의 벽에 부딪혀도 다시 일어날 방법을 찾아내는 아이라니, 그거면 충분하다. 이런 아이라면 분명 특별한 사람, 행복한 사람이 될 수 있을 것이란 생각이 들었다. 만약 정말 하느님이 우리 집에 찾아와 뒷마당에서 아이와 물구나무서기 시합을 한다면 아이가 쉽게 이길 수 있을지도 모르겠다.

'이 순간이 남은 생의 시작이다.' 아마 어디선가 들어본 적 있을 것이다. 상투적인 문구로만 보일지 몰라도 이 말에는 위대한 진리가 담겨 있다. 매 순간은 새로운 시작이다. 영원히 반복될 날의 출발이 순조롭지 못하다면 처음부터 다시 시작하면 된다. 필요하다면 언제라도 다시 시작하고 또다시 시작하라. 조만간 당신은 영원히 반복될 가치가 있는 특별한 순간을 창조해 낼 것이다. 우리는 모두 행복해질 수 있는 능력을 가졌다.

자체발광의 기술

초판 1쇄 | 2014년 2월 3일

지은이 | 앤디 코프 · 앤디 휘태커
옮긴이 | 이민주

펴낸이 | 김성희
펴낸곳 | 맛있는책

기획총괄 | 김지현
책임편집 | 정지수
마케팅 | 정범모
경영지원 | 설효섭

출판등록 | 2006년 10월 4일(제25100-2009-000049호)
주소 | 서울 서초구 반포동 47-5 낙강빌딩 2층
전화 | 02-466-1278
팩스 | 02-466-1301
전자우편 | candybookbest@gmail.com

ISBN : 978-89-93174-41-0 13320